幸 命 大 學

關於
影響愛情的關鍵密碼
愛情的密碼

如果我們等待別人給我們愛，
不如主動付出愛，
在愛情的關鍵時刻，
錯誤的觀念往往讓我悶付出慘痛的代價。
本書揭開愛情的關鍵密碼，
讓我們正確的了知兩人之間愛情的正確觀念，
讓愛情成為生命真正的幸福。

幸福必修學分指數★★★★★★

陳女◆著

●──出版緣起

　　如果將我們的一生當作無窮盡學習中的一個歷程，那麼我們這一生宛如在人間修學，而人間就像一所生命大學，充滿了創造與光明。

　　在這裡，幸福的青鳥隨著智慧的足跡飛翔，

　　生命因智慧的學習、愜意的閱讀，

　　學會了欣賞空的顏色，

　　一本書，一堂生命必修的學分，

　　當煩惱消逝，恐懼與不安成了善友，

　　即是生命學分圓滿之時。

　　生命是一個很複雜的歷程，如果說人生就是學習，把人生定位為學習，是否只是把時間花在不斷地學習，越學越多，學到最後，可能很多都用不上，最後這期生命結束了，下一世不一定用得上。就像一個很長壽的人，在古代學習製造馬車輪的技術，到了21世紀還用得上嗎？

　　煩惱，種植在我們生命最深層的地方，展露在我們生命中

最深重的習氣之中，每一個人的一舉一動都顯現出自己的煩惱。要打破自己的煩惱，就要善於觀察自己的習慣，善於觀自己的心。只有善於觀察自己的習慣與心念，才能把煩惱殼磨得更薄，最後把這煩惱打破。

學習是為了讓我們的生命更圓滿，當我們生命中有了煩惱，我們想解決與超越，所以因此來學習。煩惱會寄宿在生命中的每一部分，在莫名的地方現起。要超越它，有時光是憑空想像是沒辦法的，必須在人世間磨練，而破除它。

將人生視為學習的過程，必須清楚地知道自己為何學習之外，更是為了要消除自己的煩惱。另外，我們還可思惟：為誰學習？

我們除了消除自己的煩惱之外，一個有慈悲心的人也會希望能幫助其他人超越煩惱，得到人生的幸福，所以他為自己也為其他人學習，這樣的學習不是更有意義嗎？

我們學習構築在讓自己的生命更加的美好，並破除自身的煩惱、超越生命，建立起自己的慈悲心，當我們能幫助自己和其他的人，使大家的人生更幸福美好，這樣的學習是不是更有意義？因此，我們永遠不間斷地學習。

《生命大學》就是在這樣的想法中，所規劃出的一套叢書，我們希望透過這套書，讓大家從個個面向學習正確的想法

與觀念，讓所有的人透過正確的觀察與體悟，讓生命更加光明圓滿幸福。

祈望所有對生命增長有興趣的人，在生命過程中碰到的許多問題，藉由《生命大學》系列，幫助大家輕鬆自在掌握生命的鑰匙，並且能夠隨讀隨用。

《生命大學》系列將導引大家，了解探索生命中的美、前世今生與未來、死亡與轉世自在、決定自己的未來……等等，一切與生命相關的命題，透過每一個主題，我們宛如打開一扇扇生命大學之門。

我們建立這樣一個生命大學，它不在別的地方，其實就在我們的心中。我們的心就是自己的生命大學，它指導身體去修行，我們的心跟其他人的心連在一起，大家一起共同努力修學，這就是我們自己的生命大學。

●一序

　　如果我們的生命中沒有愛情，芳草將失去了艷綠，光明也喪卻了溫暖，天地無色，日月悵悲；同樣的景致生活，卻引來陣陣的哀傷。所以，世界需要用愛情來染色，畫上真實歡愉的色彩。有愛情的世界，將使我們的生命光明幸福；沒有愛情的世界，只是一片枯黃。

　　愛情來自最真摯的生命感動，愛情帶給我們的心靈最真實的美感。殘缺、困惑、迷妄、佔有、恐懼，絕非愛情的真實面目，所以，要追尋真愛的人，應當先體會愛情的實相。

　　愛情的力量根源來自自愛，自愛的根本則來自與自我的和解，與自己的呼吸、氣脈、身體心靈完全的和解。自愛絕非自私、我執，而是了悟一個實相；有一個人將生生世世，每天二十四小時的與你相處，你要如何與之相待。我們一生之中，乃至生生世世，最親密的愛人就是自己。學會與自己相愛，然後擴大自愛的歡樂而及於自己的愛人、親友乃至一切生命；這個愛是真實，而且有了重心

很多人說他愛自己，卻讓自己被愛得十分可悲、可憐；為了別人眼中的虛幻流行，卻拚命的傷害自己，將淒涼說是美麗。為了要慶祝自己的成功，卻拚命以吃喝玩樂的形式，說是快樂卻實在是謀害自身。這些都是顛倒夢想的真實景象。所以，真正的自愛來自於自我生命的和諧喜悅，真正的愛人，來自自我統一生命的真誠感動，來愛及所愛。這樣的愛才能無間相續，帶來歡喜真樂。

　　慈悲是愛的昇華，慈給予快樂、悲拔除苦惱，慈悲正是無我真愛的體現。相愛的兩人，是否帶給對方歡喜，是否幫助對方脫離苦惱哀痛，不正是檢驗真愛的最重要的尺度嗎？

　　愛情的世界來自全體生命的愛的實踐，如果我們等待別人給我們愛情，不如主動地付出愛。主動地在生活中實踐，愛的世界是我們光明生命的時空。

目　錄

序・6

第一章　認識愛情・13

你是否愛過・14

愛是生命最珍貴的本質・22

愛情的形式與內涵・27

愛情的生命帶來正面意義・37

第二章　愛情的時間密碼・47

不褪色的愛情・48

不斷地給予的愛情・59

愛情是無常的・64

愛是創造與進化的過程・73

第三章　愛情的空間密碼・81

把握當下的愛情・82

相愛的兩人是平等的・90

真愛無相・97

健康增長愛的能力・104

第四章　愛情的心靈密碼・109

愛情是心靈的完全開發・110

愛情是自然圓成・117

愛要說抱歉・122

愛情是寬容・128

愛情的光明坦途・135

愛情是無悔的・139

愛情是涵容對方・147

專注與寧靜的愛情力量・155

信心無畏的愛情・160

第五章　愛情的倫理密碼・165

愛情新倫理・166

思考未來的新倫理・169

人間倫理的遊戲規則・175

愛情新倫理的催生・179

未來的婚姻契約・184

第一章

・認識愛情・

你是否愛過

　　一般人常說：「愛情是沒有理由的，沒有理由的才叫愛情。」似乎意味著愛情是毫無因由，莫名其妙地就愛起來了。在我看來，這簡直是天方夜譚。這世間絕對不是毫無因由，只在於我們有無圓滿觀察透徹而已。

　　愛情是兩個生命具足有完全的力量，而在因緣合和當中相互吸引而融合，而這因緣合和就是一種理由，這就是兩個生命融合的原因。

　　如果認為愛情是沒有理由的，那就是代表相愛的兩方是在莫名其妙的狀況之下相愛。同樣的，也可以在莫名其妙的狀況下就不愛，這樣的看法是荒謬的。

　　不過從古希臘的達孚尼和克羅的愛情到時下的自由戀愛，人們不乏受到這種「毫無因由的吸引」所侵襲的例子。

　　「不知到底生了什麼病，著了什麼魔。」由於它的神秘與感性，因感到心顫，顫而生怯，但微微的怯意更助長了探索的熱情，在熊熊的烈火下，便不顧一切地投入，開始了開天闢地

真實的愛情，不會將對方壟斷獨有或心生殘害憤怒。

的愛情。

　　雖然愛情的創造具備了愛的能力，在一定的因緣時節，一定的緣起時間而造成雙方的深愛，這些都是可以了知，可以掌握的。

　　而在這種了知與掌握之中，我們為了使愛情更加的昇華，更加的增長，我們可以增加愛的主體力量，再加上對緣起條件的掌握，使我們不斷增加自己與對方愛的條件，使彼此更加鞏固，更加昇華。

　　這樣對愛情的內容瞭解，一面有著純粹理性，使愛不斷的增長，一方面增強愛的力量，這種完美的魅力與力量。而不是一味地讓「莫名的吸引」造化愛情。

　　所以說：「愛情是沒有理由的」這是荒膠的神話，完全不瞭解愛情的內涵，也是不瞭解所有生命向上增長的現象。我們要瞭解愛有其主體及因緣，掌握了愛的主體，增強了愛的能力，使愛的因緣不斷的昇華，這樣子才能創造出完美的愛。

　　有句流行的話說：「兩個互相深愛的人可能會造成誤解，或是傷害了他們的愛。」這句話似乎充滿了饒恕的美德，卻也充滿了無知與迷惘，把愛帶入了混沌而不可了知的境地。

檢測愛情

我們自己到底是否真實的愛過？但是這是客觀意義上而言，不要因為自己沒有愛過就傷心失望透頂，這樣子反而殘傷自己愛的能力。

如果你愛過，那是可以令人心喜的。但是就嚴格根本處而言，大家其實根本沒有真實的去體會到所謂的愛。

我們檢視一下是否真實的愛過？

先從心念上的感覺而言：當愛情產生時，我們是否有全心全意投入對方？這樣投入對方時，我們對未來不必有一定的預期。

這並不是說不希望跟對方永恆相守，而是在愛的感覺時，不會希望永遠把對方壟斷獨有。

在愛的狀況中，我們只是這麼喜歡對方而來參與對方、投入他的全部，如果這時候有另外的第三者加入這個空間時間時，我們不會心生殘害憤怒，而只是想自己應該更盡力來爭取對方、來愛對方。如果有這樣的想法、狀況，那你確實是愛著對方、尊重對方。

第二：兩人相處時應該是甜蜜的感覺，而絕對不是常常只是痛苦的感覺。

在追求愛情的過程中，如果常常是痛苦的感受，這種愛情

是有問題的！這恐怕是你在潛意識中受到某種制約，讓你不斷地維護著自己的某種需求，因為有些人在潛意識中有不斷追求不幸的本能，他製造他的愛情內涵有著悲苦、淒涼，類似於悲劇性格，由愛情的痛苦悲劇來滿足舒發自己潛意識深層追求不幸的欲望。這樣的行徑就不是很健康了！

真實的愛情所帶來的是喜悅。當然也有不正常的狀況，例如兩個非常相愛的人，活生生的被剝離了，奮鬥無力而感到很痛苦。這種情況下的痛苦實在是難免的，因為整個因緣不具足！

但是在正常的狀況下，你追求痛苦、悲傷來裝飾愛情的淒涼美感，這樣是不正常、不健全的愛情。兩個健康的生命要在愛情當中，不斷地愉悅、增長，這才是真正的愛。

第三：你是否不斷地要求對方，要對方來迎合自己、屈從於自己的感覺？

如果你的答案是肯定的，這也不是真愛！因為你不是愛對方，你愛的對方是你自己心中所認定的他而已，跟本與對方無關！

這是你的心中本來就有一個顯像，剛好又碰到這個人，於是與心中的預期有了相互感應，這種預期的相互感應，給人一種「莫名就相愛」的神秘與浪漫，這種初期感應的愛情，其實

愛情是讓我們的人生更開放

不足以完成愛情的。

　　如果是有真愛的人，當他有了這種初期的相互感應後，他會開始尊重對方的生命，他不會屈從於心中的假相，如果他屈從於自我心中的假相的話，只是證明他愛的是他心中的假相，而不是對方。

　　真實的愛情是尊重對方的，從相互尊重中來找尋找彼此、自己，而不是一味地要求對方來符合自己心中的影子。

　　第四；如果愛情不能讓我們的人生有更開闊、更開放、更增進的生命，而變得更封閉、更狹小，成了人生疏離的一對的話，這也不是真愛。

　　當然，相愛的兩個人還是會尋找自己的空間、需要有獨處的時空，這是必然的；但當碰觸到另外的因緣時，它讓別人的感覺是開放的、自然的、喜悅的才對，而不是脫離的、孤高的，如果是的話，是因為相愛的兩人互相使對方更為封閉，這就不具足真愛的前提。

　　藉由以上的是否愛過的各種檢測，再藉著對真愛的思索來看，自己是否達到真愛的內涵？如果沒有真正愛過也是沒有關係的，因為這是從零到一的過程，不斷地增長、培養。

　　如果我們限制時間與空間、極力要來培養愛的能力，這也是對愛的一種扭曲，因為這樣強制性的要求，更會失去真愛。

比較好的狀況應該是在知道實相之後，自然的看著它，讓我們生命自然而然產生趨光性，累了就停下來，有力量就勇敢向前，很自然的往光明處趨近結合。

愛是生命最珍貴的本質

很多人的一生中，花費很多時間在尋求愛情，尋找愛和被愛的對象。

人們愛國家、愛父母與妻兒、愛所崇拜的偶像及男歡女愛，偶爾愛及鄰人。也許日復一日，時間的長線使這些曾經激昂的情感，都成了平凡無奇的小起伏。

兩人相互間的愛情日漸渺然無蹤，趨於平淡。甚至帶來痛苦與掙扎，美麗的愛情轉變成生命的煩惱與重荷。

這是曾經最為幸福美麗的愛情嗎？難道愛只是一層薄紗？當薄紗卸去時，重重問題、重重煩惱就隨之而來？

我們不禁要想著：難道愛不是化去問題、解縛煩惱的良劑嗎？難道是當時不夠用心嗎？還是愛得還不夠深嗎？還是對象的問題呢？

在經過了這些感情的追逐中，或者我們心已漸冷卻了；安於平淡的人，就開始隨遇而安了，不再花費心機刻意找尋對象，但是對於愛情的真諦，心中仍然有許多迷離難了。

愛是生命中最珍貴的本質

而永遠被不安及飢渴愛情、為情所困的人，有時則以轉換更多的對象，在轉換跑道中，使用各種方法與手段來滿足自己愛與被愛的需求。

　　有些人讓自己陷於愛與情愁當中不能脫出，在自己錯誤的愛情觀念當中，消耗了一生的青春美好的光明生命，讓我們在人生的旅途當中顛沛流離，甚至走到人生終站時，還是帶著迷惘。

　　愛是我們的生命當中最珍貴的本質，愛不但使我們的生命不斷的轉動、超越，同時是力量動力的來源。

　　愛情是使我們的生命走向一個黑暗與光明的分界點，如果認識愛情的關鍵密碼，便能走向偉大的一生，創造更有價值的一生。

　　但是，認識愛情的密碼必須是以真心來思惟、探索。

　　愛情是真理與邪妄的化身，同時，愛情也是善與惡的本源，愛情糾纏著種種無法理清的生命本能。

　　如何認識真正的愛情？這確實是我們生命中一個非常根本、實在的課題。

　　我們必須切入愛情的最深層，去體會到愛情的真實，而不能夠從形式上面去瞭解愛情、去學習這種外在的形式，這樣只有傷害我們的真愛。

唯有真愛從心中發揮，讓它擁有著永遠美麗的光芒，我們的生命才能去彰顯它。

愛情的正確態度

　　當我們不能認識愛情的本質，常常會用一種殘缺、不完美的態度來面對愛情的真實。這樣殘缺、不完美的態度通常伴隨著我們潛意識中的迷惑與不安。

　　例如我們對愛情常有著悲劇感。

　　當我們對愛情充滿了悲劇感，必須以悲劇來展現愛情的真誠力量時，對愛情就有了不敢擁有的自我殘缺感，因而喪卻了信心。

　　所以當我們在歌頌賈寶玉與林黛玉、梁山伯與祝英台、乃至羅密歐與茱麗葉這樣的愛情故事時，我們心中在本質上對愛情的獲得，可能產生了懷疑。

　　其次，愛跟生命的幸福是不必然的。

　　但是我們不斷的以這種殘缺意識跟不幸福的意識來彰顯愛的特殊性質。事實上是我們心中有本質上的殘缺與不幸，並且常以道德或主觀的期望來描述愛情的樣態，有意無意地去營造愛情的模式與生活方式，甚至天真地認為從此王子跟公主就過著快樂幸福的生活。

其實對愛情的真實充滿了迷惘，心中又不敢承認，還得費心去呼應、維持生活方式，來保持對愛情的掌握。

　　真實面對的幸與不幸的結果，這才是對愛情的正確態度。

　　假若我們宣揚的是一種愛情的形式時，必須十分注意，是否把心中的殘缺投射到這樣的愛情故事上，藉此來表達我們對愛情的看法、對愛情的期望，以滿足心理上的需要。

　　這樣的愛情是殘缺的。如果不能瞭解這一層的話，我們所認識的愛情，在本質上就殘缺不全。

　　愛情是一種創造，一種進化，而不是一種形式，一種完結，是一條綿長的創造之流，如此我們才能永浴其中。當它流過荒原，流過田野，讓萬物同受滋潤；流過不經意的大地，讓人驚喜於愛情的豐美，最後匯流入海，如尼采所言：「我們必須成為大海，方能容納一條不潔的河而不自污。」愛情是我們生命的偉大力量。

愛情的形式與內涵

　　愛是一種真實，絕非虛幻，宇宙中有情的生命，依著愛情而流動、創生；但是，當愛情只是無明的本能時，往往跟隨著自身的煩惱莽動，帶來了無窮的痛苦。甚至讓我們將愛情懸於虛閣之上，不敢提取與面對。

　　從宇宙初始，分陰陽乾坤，產生了無邊世界的創化，就已經建立了愛情的形式與內涵；完整的愛情是形式與內涵的統合，甚至超越了愛情的對待，圓滿愛情的自身。如果我們不能體悟其中的深密，就只能輪轉迷惘受困於愛情之中。

　　愛情是宇宙自身的遊戲，不能讓它有起點有終點，要讓愛情顯現無邊的光明與幸福。

　　從太極圖中的陰陽現象，可以對愛情作初步的體會；雖然，這不是究竟，但終究是正確的歷程。

　　在太極圖中，陰陽相互混融成一個圓，而陰陽中相互的擁有對方，並以對方的存有做為思考的主軸，相互依恃，經由成就對方而成就自身，可以說是愛情的初步成功了。

從太極來探索初步愛情的形式與內涵，在太極圖相中，如果以構成圓的兩片陰陽為形式或身體，而以陰或陽當中各自擁有相對性的陽或陰的小圈為內涵或思維。

　　如果以一個人為中心，則愛自身者，將求取身、心的平衡與協調。而當以兩人的愛來看，則在愛的形式上相互依恃，而在精神思維上，則陽站立在陰的立場上思維，而陰站立在陽的立場上思維；所以陰中有陽，陽中有陰，就能顯示平衡的動力，自在的在宇宙中轉動。

　　所以，在宇宙中愛情的形式位置，是一種信賴、信任。

　　對自己的愛是信任自己，乃至信任自身的身、心、力量。對他人的愛是信任他人，共同為對方開創美麗的未來；所以愛是放在愛的地方；信任對方，幫助對方成就對方自身，因為全心全意的愛，忽然間忘了自身的存在，而形成了統合。

　　在愛情中，每一個人都融入對方，而各自獲得對方的最大的愛與服務，統一的安住在光明幸福。

　　所以，愛情不是控制、統御對方，認為自己愛人，而去控制、臆測對方的人，他所愛的不是對方，而是喜愛自己的思想、獨斷、無知、狂暴，以生命中尊貴的愛字，來美容、包裝；這樣的做法根本無以言愛情。因為，愛情是成就對方，讓對方成熟圓滿，而不是成就自己的臆測與想法。

宇宙中愛情的形式位置，是相互的信賴、信任

在人類的歷史上，愛情初始的發生往往跟神話有關；這些神話的愛情史詩，或許也顯示了愛在人類身上，生起了複雜的精神作用。不管是中國、印度、希臘、羅馬等古文明，都有神話的愛情故事流傳，豐富了人類的心靈。在仔細觀察這些故事之後，其內在豐厚的感情流溢，常讓人感覺，不知是神創造人，還是人創造神了。愛的故事深深的感動人類的心，以下是一則希臘的愛情故事。

淒美的愛情

　　音樂是人類心弦顫動的聲音，帶給生命無盡的想像與喜樂。希臘神話認為諸神是最早的音樂家。雖然雅典娜不擅長吹奏，但是他發明了橫笛；第一架豎琴是由荷米修斯製造，並送給阿波羅，阿波羅就是以這把豎琴，彈奏出悅耳的天樂，讓眾神們聽得廢寢忘食；荷米修斯做了一支牧羊笛，吹奏出迷人的音樂；繆斯女神，則有著無比美妙的歌聲。

　　事實上不只希臘有神樂的傳說，古代的文明像印度、中國、埃及等等也都有神樂的傳說，這真是天樂鳴空了。在印度神話中，帝釋天王因陀羅有專屬的音樂神乾闥婆，也有專屬的歌神緊那羅。後來這些神祇都成為佛教的護法，納入了天龍八部。

當音樂從天界來到人間之後，它的影響力更是驚人，它不只帶來了喜悅、憂傷等種種深度的感動，也帶來了許多可歌可泣的愛情。

在希臘傳承天神之樂的凡人中，最出色的就是奧菲斯。他是繆斯女神與一位色雷斯王子所生下的孩子。繆斯女神帶給他豐厚的音樂天賦，而故鄉色雷斯，則給予了最佳的養成。因為色雷斯人是希望民族，最瞭解音樂了。

除了天神之外，再也沒有人能超越奧菲斯在音樂上的才分。他在演奏和歌唱時，誰也無法不受到他的感動。

只要聽到他的琴音的一切有情生命，或沒有生命的物體，都會自然地追隨著他。還有傳說他的琴音能夠驅動山腰的石頭，改變河水的航道。

他的琴聲還在參與一次著名的遠征，立下偉大的功蹟。他乘著「阿哥多」遠航，當所有的英雄疲累，或在海洋中艱難地划船時，他就彈奏起豎琴；大家一聽到他的琴聲，精神就隨之振奮，所有的船槳自動地順著音樂的節拍敲打著海面。如果處在爭執中的人們聽到他的琴聲，也會在他的琴音中得到化解，所有的憤怒都消失於樂音之中。

這次海上最驚險的旅程，是來自金嗓海妖的挑戰；當海妖發出他迷人的歌聲，來迷惑眾英雄時，所有的人就順著迷人的

歌聲將一切拋諸腦後，努力地把將船划向金嗓海妖所在的海岸。

這時的奧菲斯，驚覺的拿起豎琴，趕忙奏出悅耳清明的樂聲，企圖將致命迷人的歌聲淹沒。剎那之間，眾英雄才回神，連忙將船隻駛向原來的航道，這才脫離了危險的海妖島，解除了危難。

奧菲斯扣人心弦的樂音，當然使他在愛情上，有著很大的優勢。當他遇到心愛的尤麗黛時，美麗的尤麗黛是無法抗拒他優美的琴聲，於是就答應嫁給他。但是，幸福的生活何其短暫，婚禮後，新娘與儐相在草地上散步時，一條毒蛇咬了新娘一口，新娘就死了。

奧菲斯在十分悲痛的心情中，決定到地獄接回心愛的尤麗黛。他思維到：去迷惑狄蜜特的女兒，迷惑陰間的主宰，用美麗的旋律打動冥王、冥后的心；我要進入地府帶著尤麗黛回到人間。

奧菲斯為了愛人，一無返顧的走向恐怖的地獄之門。他一路彈著豎琴；優美的琴音，使幽冥鬼魅的神魂都為之傾倒，柔化了他們的心靈，不再發出可怕的嘯吼，十分安靜的傾聽樂音；地獄的惡犬也乖乖的趴在地上低鳴輕和。綁著意西昂的地獄之輪也安靜不動，深怕破壞了樂音；老是不能停止的推著石

頭的西西佛斯，竟然坐在石頭上休息了；永遠喝不到水的坦特勒斯也忘了口渴；而可怕的復仇女神竟然淚流滿面。受到樂音的吸引，冥王帶著冥后走過來傾聽。

　　愛在奧菲斯的心中充滿著，由於對心愛的人刻骨的思念，奧菲斯唱著：

　　噢，統治著寂靜冥府的神靈；

　　人子們終會向您報到，

　　而迷人的萬物也總要奔馳前來。

　　您是永遠能收取債務的債主，

　　我們在世間逗留片刻之後，

　　便永遠永遠的隸屬於您。

　　但是，我追尋的愛人，

　　她來得太急了。

　　還未曾綻放花朵，蓓蕾已遭受攀折。

　　我要強忍住悲痛，但是實在無法忍受。

　　愛神的威力實在是無窮無盡啊！

　　噢，偉大的冥王，

　　假若亙古的傳言不是虛假。

　　花朵曾見您劫擄春天之神。

　　請您為甜美的尤麗黛重新編織這一片

太早離開織機的命運之網。

請看，我別無所求，

只是向您暫借我的妻子罷了；

等待陽壽該盡時，她仍屬於您。

這時，人人都已被他優美的嗓音所迷住了，任何人與神祇，都不忍拒絕他的請求。最後他竟然唱道：

若得冥王流下了鐵石的眼淚，

要地獄應允了愛的請求。

愛情的力量，征服了人間、地獄的相隔，也超越所有的恨與剛強。於是，冥王、冥后召來了尤麗黛，將她交還給奧菲斯，告訴他有一個條件，就是當尤麗黛跟著奧菲斯走出地獄，在未抵達人間之前，奧菲斯不能回頭看她。

於是，夫婦二人穿過了陰間的層層大門，走到黑暗的地獄通往光明的小徑。他們不斷的往上爬，奧菲斯雖然知道妻子一定跟在他的後頭，但他幾度好想回頭看看他心愛的妻子，他謹記著冥王的交待，還是忍著不要回頭。

走著，走著，陽間已逐漸出現在眼前了，幾絲的光線照著漆黑的四周，他十分高興的踏上了日光之下，想也不想就回頭看他心愛的妻子。但是，他轉頭的速度太快了，尤麗黛人還在洞窟之內。

奧菲斯看到尤麗黛在朦朧光中的身影，急忙伸手想抱住她，卻撲了空；他只聽到幽暗中微微的一聲：「永別了！」

他努力的狂奔，想跟隨她下去，卻未能如願；因為眾神們不肯讓他活著再進入地獄，他只能孤零零傷心地回到了人間。

他失去了愛人，於是他決定捨棄人群，帶著悲痛的心一個人在色雷斯的荒野中流浪；孤寂的心只有豎琴陪著，他經常彈奏著豎琴，河水、樹木、岩石欣喜的聆聽著他的心聲，成為他的伴侶。

在他生命的最後，他遇到了一群瘋狂的女酒鬼，她們瘋狂殘忍地砍下他的腦袋，並將身體撕成一截一截，扔進湍急的希伯魯斯河。他的頭漂流過河口，流到了李絲伯島的岸邊，被繆斯女神發現，就將之葬在小島的神殿中。而他的四肢，被埋在奧林帕斯山下的一座墳墓；現在那裡的夜鶯所啼的歌聲，還是比其他地方的悅耳。

這樣淒美的愛情故事，我們可以感受到奧菲斯的無奈傷感。但是我們再觀察一下這樣淒美的愛情。

首先是故事中對生命的無奈，當尤麗黛死亡後，只有進入可怕的幽冥地獄，難道沒有其他光明世界可以選擇。

再來是奧菲斯對冥王所唱的歌聲中，充滿了宿命的無奈，認為人死後必須向地獄之神報到；而他要帶回尤麗黛，也僅是

暫借而已，當自然的壽命結束時，還是要向陰間報到。這樣的愛情背後，充滿了太多宿命的無奈，如何能令人期待呢？

另外，他們的愛情是成全在冥王、冥后的一念之慈，當稍微不能符合他們所設下的條件時，所有的美夢就化為泡影。這樣看來，我們的生命幸福未免只是諸神的遊戲而已。

最後，當愛人消失時，他失去了生命中的一切希望，只有自我放逐，最後慘死於女酒鬼之手。對照他乞求冥王賜予尤麗黛適宜的壽命，雖然十分淒美，但也實在太令人感覺到無力、柔弱、無奈。就像是飛蛾撲火一般，只顯現了短暫的美麗。

愛情其實不要那麼無助，那麼乞憐，那麼淒麗，那麼柔弱。愛情是要有力量，要生生不息，不斷的茁長。

愛情為生命帶來
正面意義

愛情是人生的功課，修這門功課則不外乎兩種途徑。

第一種，是看破它。怎麼看清「愛欲之人，猶如執炬，逆風而行，必有燒手之患」，因而心生警惕，遠離糾纏。說起來簡單，卻不是一般人容易辦到的。

第二條路是正面面對愛情。看看自己如何和愛情共處，而為自己生命帶來正面的意義。

在佛教經典中也有一些積極面的愛情故事，以下兩則都是釋迦牟尼過去生的愛情故事。

正面面對愛情

釋迦牟尼佛的過去生中有一生名為善財，當時，有一位緊那羅（緊那羅的意思為樂神）的公主，名為悅意。

美麗的悅意有一次到人間時，為獵人所擄獲，獵人將他獻

給善財王子。當善財見到悅意時，就如同雲霧中閃出電光一般，深深為悅意所吸引，兩人無疑是天作之合的一對。

可惜好景不常，由於奸人在國王面前進諫讒言，唆使國王派令善財王子到遠方平亂戰事，又設計謀害悅意。幸好王后設法讓悅意逃走，於是她便逃回自己的故鄉緊那羅國。

善財回來後看不到悅意，心中迷悶，儘管沒有任何線索，他還是決定踏上漫長艱險的路，不管天涯海角一心想尋回心愛的悅意。他看到月亮就問月亮，有沒有看到他的悅意，看到小草就問小草，遇上微風就問微風。他的真誠，感動了山河大地，紛紛給他幫助，最後終於找到了緊那羅國，也得知悅意回到了緊那羅國。

原本緊那羅王對使愛女身陷險境的善財，感到非常的憤怒，想要將他碎屍萬段，但是看到苦苦為善財求情的悅意，也知道女兒對他一往情深。

為了考驗善財對悅意的愛情，緊那羅王設下重重關卡，智勇雙全的善財都一一通過考驗。最後，國王將一千個宮女變成和悅意一模一樣，要善財辨認哪一個是真正的悅意。

這時，善財以真摯的心意說道：「悅意是我心愛的人，當你聽到我真摯的呼喚，請你向前一步。」

真誠的言語是動人的，悅意聽到善財至誠的告白，情不自

正面面對愛情，讓愛情為生命帶來正面意義

禁向前走了一步。現場文武百官及宮女無不深受感動，一起請求緊那羅王成全這對戀人。於是，這對有情人在歷經磨難之後，終於又能相守。

癡迷與精進的愛情

對於善財這個追尋的故事，佛經的解釋是「精進波羅蜜」。「精進波羅蜜」是佛法修行的六波羅蜜之一。佛法中認為這種一心真誠的追尋，正是「精進波羅蜜」的本質，是追尋生命美善境界，永遠不放棄希望的行動力、實踐力。

愛情的課題，主要在於怎麼透過愛情來實踐自身。

善財的故事，是透過愛情來實踐自己的代表。他的專心、堅貞，和無私無我，是這個愛情故事裡最動人的部分，也顯示了生命力量的最大泉源。

或許我們要問，在愛情中癡迷與精進有何差別嗎？許多「癡迷」愛情的當事者，顯示出來的形象，雖然也很近乎「精進」，但本質上是截然不同的。

那麼，對於愛情的「精進」和「癡迷」，差別到底在哪裡？差別在於「精進」所著眼的是：

一、兩情相悅。絕不是自己單方面的一廂情願。

二、所有的犧牲都在止於自己，不會為愛而去做惡事，不

會傷害到第三人（不論第三人是否已經感受到這種傷害）。

三、即使是自己的犧牲與奉獻，也會顧慮到生命的自尊與平等，不會因愛情而被奴役。

四、因此，這樣追尋的過程再艱苦又漫長，也不會產生負面的情緒，動搖的懷疑。

而「癡迷」則不是。「癡迷」雖然看起來也很「專一」、「奉獻」等等，但是因為不具備上面所說的那四個條件，所以：一、持續不久；二、持續得久，也不免自我的懷疑；三、即使熬得過自我的懷疑，對自己生命的提升，也是沒有作用的。

莫將愛情當結果

愛情最可怕的是，以為愛到了就不變了，愛到了就不管了。換句話說，最大的問題是在於把愛情當結果，而不是當過程。而愛情，其實是在創造一個美麗的過程。愛情是往前走的，是要不斷加厚的，是要昇華對方的。不可以冷落一旁，也不可以測驗、考驗，愛情的過程，就是要讓愛情的本身更美麗，更圓滿。

但是今天卻有太多人以為愛到了，或結婚了，就是結果，就是愛情的段落。這樣下去，熱戀之後沒有多久就進入平淡

期，或者說結婚之後相敬如冰的情況會層出不窮，就毫不足為奇了。

愛到了固然一不小心會有這種後果，愛不到呢？太多人愛的其實是自我的幻想，愛的是自我，也就是自戀。因此愛的不是對方，而是希望對方被自己控制。這樣，愛不到對方，就要毀了對方。他（或她）不知道的是，愛不到對方就要毀了對方的人，就算愛到了也會把對方毀掉的。

大家為《人間四月天》裡的徐志摩、林徽音等人的愛情故事而動容，其實最令人感動的是畢生愛戀林徽音，但是一直從遠處守視著她的金岳霖。

他的愛情不但昇華，最後連梁思成和林徽音的兒女們都稱呼他為「金爸」。對金岳霖來說，這樣的愛不到一點也不苦，而有這樣的愛情存在，對愛的人來與被愛的人來說，都是很莊嚴的。

不要用愛情謀殺愛情

由於愛情是強烈的記憶，如果說是有生命輪迴，那麼愛情的記憶的確也會存留下來的。但是談到輪迴，常常會聽到一些似是而非的說法。

譬如有人很喜歡把前世的因緣掛在嘴上，因為前世的因

愛情是在創造一個美麗的過程

緣，所以這次相逢一定要如何如何。其實，既然是因緣，就沒有命定這回事。因為「因」、「緣」是兩回事，與前世有什麼關係，那是「因」，至於你們這一世相識有沒有發展另一段關係的條件，則要看這一次的「緣」。怎麼能說因為過去有「因」，這次就一定有「緣」？

我們頂多可以說：我和你在上輩子很有緣，所以這輩子很想要追你。但是絕不能說：我和你在上輩子很有緣，所以這輩子你非是我的不可。

常常把這種輪迴、因緣掛在嘴上的，都是在一些男已婚或女已嫁，雙方卻要擦出火花的情況。這種時候若再加上什麼輪迴、因緣的說法，那種吸引力是非常巨大的。

如果有這種情形，此時不妨換一個方向來思考：如果真是上輩子有緣，是哪個上輩子呢？那上上輩子呢？上上上輩子呢？如果真那麼有緣，為什麼雙方這輩子不在男未婚女未嫁的時候就相遇呢？可見，絕不是真有緣。

如果說過去和他很有緣，其實更有緣的一定是這輩子已經相結合的這一個。但真有緣的這一個，早在愛到之後就不知道怎麼去愛了。

對於這個婚外情，我常說：「不要用愛情謀殺愛情。」人家牆上已經畫了一幅畫，你就不要非覺得自己畫得比較好，非

得把別人畫好的畫破壞一下不可。

不要破壞別人的因緣，如果真的相信輪迴，那應該知道下次人家也會來破壞你的牆面。更何況，會把前世因緣掛在嘴上的人，通常都絕不會只對一個人這麼說。這也是有道理的，因為任何生命如果有前世，都不會只有一次前世。他見到不同前世的人，當然會不同的話語。

男女之間，還有一種輪迴說，一旦雙方進入相互折磨的階段，會搬出誰上輩子欠了誰的說法。這也真是誤解。第一，你沒有神通，不知道上輩子的事，所以不要隨便歸罪於上輩子。第二，就算有，兩帳不會相抵。所以，你在忍氣吞聲，接受折磨，不是在向他還債，而是在幫他造業。

還是那個基本原則，愛情是兩個生命互相創造價值、增加美麗與圓滿的一個過程，任何不符合這個原則的愛情，都談不上是真正的愛情，更別談有一方不但不創造另一方的價值，還要破壞、毀滅另一方的生命價值。當然，如果這輩子故意要讓對方欠債，樂意「輪迴」，那又是另一回事。

修鍊當下愛情

總之，就算愛情是有輪迴的，我們應該相信，最重要的一次輪迴還是在這一世。就好比我們雖然對前世可能有些隱約的

記憶，但是最深刻的，還是來自於這一世，在這一世文化、社會環境下所形成的記憶。我們的喜怒哀樂、眼耳鼻舌身意的感受，莫不是受這一世的影響最大。如果要進行愛情的修鍊，那就應該把握這一世的所有來修鍊。

在二十一世紀的今天進行愛情的修鍊，有古今相同之處（譬如對生命價值的體認），但也有今天這個時代所特有之處。

今天我們環境裡最大的特質是，流行與媒體不斷地刺激我們眼、耳、鼻、舌、身、意的各種感官，我們感官受到不同於過去世代的太多、太快的外來刺激，視覺、聽覺、嗅覺、味覺、觸覺、心意也就會產生不同於過去世代的偏好。

愛情是我們各種感官與心意偏好的一個綜合體現（所以自我很充足、很圓滿的人可以不必戀愛），因而受到流行、媒體的影響與主宰，更著重感官的刺激、快速的反應，就理所當然，性的成分會越來越突顯於愛之上，也不足為奇。

在這樣一個千變萬化的外在環境裡，我們對於愛情與輪迴的認知，固然有許多外在新增的變數，但最根本的那兩個問題還是不要忘記問自己：「愛到了怎麼辦？愛不到又怎麼辦？」

第二章

·愛情的時間密碼·

不褪色的愛情

我們常常將愛情墮入於時間系統當中，當兩人相愛時，認為彼此的愛情是海枯石爛、天長地久，沉溺在兩人愛情的甜蜜世界中。

一對相愛的戀人，總期望愛情不會變色，能夠永永遠遠的持續下去。

由最初兩個人的相遇，迸出愛的火花，到兩個人之間留下最美好的印象而相互吸引、相知相愛。這樣的心假若不會褪色，這樣的愛情也會永永遠遠的持續下去，那麼愛情是多麼的美好。

當我們如此對待愛情時，甚實已經墮入了愛情的魔咒當中了。為自己擘畫了一個空洞而美麗的想像，然後接著就落入期望與時間的虛耗等待之中。

兩個人的互動與作為很多，只是為了希望能夠在未來保有這份「永恆的愛」，而不是當下兩個人之間的愛情。就像很多現代人，總愛吃著早餐看著報紙，如何期望能夠嘗到食物的真

每個當下掌握愛情，才會擁有真愛

滋味呢？

如果我們認為愛情是可以海枯石爛、永遠不渝，其實已經決定了否認生命昇華的可能性，也否認了愛情可以再進化的可能性。

可是對於愛情永不褪色的期望下，卻要付出多少生命的代價，我們為了要防護愛情不褪色，我們必須要封閉少生命的光明？這時的愛情充滿了多少封閉性、恐懼？

因為恐懼愛情會變色，常常懷疑親愛的對方是不是不再愛我了？若不愛我了，是不是該做許多事情來持續保有他對我的愛？或是我們必須做一些反抗的動作，刺激的動作，使他發現我的存在？

愛情褪色的恐懼，使我們的心宛如凹凸鏡一樣，使愛扭曲變形，再不能看到愛情的真正面貌。

從愛情中間生出了腐敗的因子，開始發酸了，開始滲入了恐懼、滲入了貪婪、滲入了瞋怒、滲入了疑惑。這些心逐漸吞噬了愛情的甜美果實，當我們努力保持愛情的華美閃亮、光鮮奪人的表面，殊不知它們的內層已經開始腐爛了。

我們不斷的在外面鍍金，不斷的擦拭，但是在愛情的本質裡面卻像放了霉菌般，有一天愛情的內層全部腐透時，我們的心也完全腐透、完全崩潰了。

「愛不褪色」的魔咒是傷害愛情的強大力量，遮遮掩掩讓我們看不清愛的真實，使我們從外部去防護它而不從內部去監視。所以千萬不要因為追求永不褪色的愛情魔咒，而失去愛情的自身。

愛情的錯誤認知

其實愛情是無止盡的創造、無止盡的進化。當我們認為愛情是海枯石爛、天長地久、永遠不渝的時候，這樣的態度同時產生兩種現象。

第一種是執著愛情是實有的，也就是認為愛情是無限堅固的基礎。它宛如金剛寶石，永遠不會損壞。這樣的認知下，愛情是不需要保護的，只要相信有這樣的愛情魔咒，堅持這樣的愛情，便可以禁得起任何的時間、空間與感情的磨鍊。

再推演下來，就是任何的錯誤都可以在愛情中得到包容，任何的傷害都可以在愛情中得到原諒。

這種對愛情的錯誤認知，確確實實是不斷地以滴水穿石的方式，使愛情的基盤鬆動，直到有一天發覺愛情崩潰時，已經是很難挽回的局面了。

另一種則是愛情為時間上的無限延續。他心中充滿著對於愛情的恐懼，為了要保有這個愛情，他每天擔心著，心中充滿

了懷疑和憂慮，深怕愛情受到一點點的傷害。不安充塞在他心中，於是他開始懷疑東懷疑西，一點點的風吹草動，編織成疑心的大網。

疑慮的大網越織越大，而這時愛情在哪裡呢？愛情隨著時間的轉逝，力量越來越削弱了。到最後，愛情終於煙消雲散，剩下的是兩人記憶中的空洞誓言，和兩個悔恨的生命相互的抱怨。

彼此抱怨著對方，傷害了這份永恆的愛情。這份永恆的愛情不但無法信守，卻形成了彼此互相攻訐的目標，從堅信此情不渝的兩個人，變成最深的仇人，用最毒辣的語言態度攻擊對方；只因為認為對方沒有信守這永恆不移的愛情；殊不知道愛情本來可以永恆不渝的，卻由於對愛情不渝的信守，成了彼此最深的傷痕。

愛情不會褪色是必須建立在兩個生命的互相創造，愛在當下永不褪色；愛不要放在時間裡，要放在當下運作，愛不要用期待的眼光，不要用一種糾纏輪迴的心來面對；愛必須讓它在當下發光、發熱，在每個當下就是時空中一個最偉大的公案，我們必須在當下、在生活中去參透。

只有在每個當下才是永不褪色的愛，才是沒有偏頗如金剛鑽石不壞的愛情。只有在每個當下裡面掌握了愛情，才會真的

圓滿。

對愛情恆常的期望是愚痴的。當我們希望恆常時，就已經跟宇宙的實相違背，因為宇宙永遠沒有一個恆常的東西，它是不斷的運動變化的。

相愛的兩人期望對方是永遠愛我的，他已經把他的愛割離了，他已經可以懷疑對方不是愛他。它是無常的，它是不斷的運作、不斷的創生、不斷的進化。

愛可以使我們產生光明，不斷的增上，我們只有在無常中才能掌握愛情的真實，才能不斷的追求、不斷的顯現它的圓滿。只有在不斷的創造、不斷的再變化，我們的愛不斷的再昇華、不斷的超越我們自身而達到至真、至善、至美、至上的境界。

當下完成生命目的

有人把愛情當作幸福追求的過程，這真是一個可怕的概念，這觀念有如將羊推入虎口般把愛情推入恐怖的深淵。

愛情並不必然有幸福的現實生活，愛情也絕不是追求幸福的過程，因為愛情的過程就是幸福；愛不是一種手段，愛在當下就已經完成了生命的目的。把愛當作一種追求幸福的手段宛如以黃金、珠寶換取泥沙一樣。

我們要切記生命的幸福在過程中，而不要把幸福當作是一種目標。把幸福當作目標，便流於手段。為了幸福，所以要去愛。如此，愛成了跳板。

不要相信那些神話：當大家辛苦工作之後，我們的國家、民族就達到永恆快樂的生活，這種觀念會使國家發生問題。

想想，要一個時代的人勒緊肚皮，猛烈的工作，讓下一個代的人去享樂，過著幸福的生活，這是對當代人的不幸，傷害了當代人，同時也害了下一代的人，使下一代的人成了只知享福，不知創造，不知努力的一群。富強康樂是在不斷的運作當中，它當下不斷的顯現，這串連起來的過程才是國家的命運。

同樣，個人的幸福也是如此。愛情的當下就是幸福，愛情不是追求幸福的過程。看著許多的生命被這樣美麗的謊言所欺騙，而將一生白白的浪費掉了，死前卻仍期盼著：「我的幸福在哪裡？」不知他的幸福已經一分一秒的被自己浪費掉了。

手中的蕃石榴勝過夢中的蘋果，在手中的才是真正的幸福。看到一朵花開放時，心中充滿了喜悅，這就是幸福。

風輕拂過我們的臉龐，臉上清涼的感覺，這就是幸福；在暖暖的冬陽下，與所愛的人一起散步，這就是幸福。不需要等到擁有一棟房子才叫幸福，不需要拿到博士學位才叫幸福，也不需要等到當上了老闆才認為擁有了幸福。

愛情的當下就是幸福

不能夠認清生命過程就是生命圓滿自身的人，會將生命的過程浪費掉。

同樣的，愛就在真誠中展現幸福，在每個當下展現它的圓滿；它絕不是一種工具，一種追求幸福的條件。

愛情的本身就是幸福自身，就是生命的目的。在當下顯現，等待下一剎那幸福的追尋，一旦落入追求的話就是侮辱了愛情，也是侮辱了相愛兩人的生命。尊重生命的尊嚴，就必須在此處下功夫。

愛情是脫離一切世間的貧賤、財富與外在的形式。「貧賤夫妻百世哀」這句話實在是最自私，又不能體會愛情的真諦，是不瞭解實相的人講的話。

因為愛情的實相是在相愛的時候兩人所加起來的力量，無限的擴大，在當下就是幸福。

或許人們還需要評價下去，然而貧與賤又算什麼呢？貧與賤不過是相對的，我們的價值觀不斷地改變，二十年前，當我們住在公寓裡頭，我們會覺得非常的幸福與幸運。因為都市裡什麼都有，什麼都新奇、都進步，住鄉下是落伍的表徵。不過到如今，如果一個人在鄉下擁有一棟房子或別墅，能享受田野的樸實樂趣倒變成了高品質的生活了。

一個有智慧的人會觀照這一切，照見這些相對的虛幻性，

他會找到幸福的當下就是幸福的自身，不是追尋幸福的目的，也不是追尋幸福的手段。

對於愛情，我們必須真實的認清它的本質，愛情只有在當下才具有意義的。只有在當下一點一滴不斷的累積，累積每個當下，從過去、現在、未來互相發出光芒，在坦坦蕩蕩的當下完全的愛才不會消失它的光芒。

愛情不是建立在過去，也不是建立在未來，也不是建立在消失的剎那，而是每個當下，脫離過去、現在、未來的時間關係，不落入時間的系統當中。

愛情只有在當下，才能無悔的顯露出它的力量，在每一刻，每一個剎那當中，每個不同時空的愛情累積。

每一個當下的串連，才可能造成所謂的天長地久與永恆永恆。永恆——只是當下的副產品。

要造成天長地久與永恆的生命是必須不斷的進化的。必須不斷的超越生命，否則時空的消逝，我們都將年華老去。如果沒有用最深刻的智慧來關注偉大美麗的心靈，我們有什麼條件可以永遠彼此相愛？

想想，我們會愛一副老骨頭嗎？我們會愛堆滿皺紋、白髮蒼蒼的老人嗎？

所以，我們必須在時間裡面，每個當下去提升我們的生

命。忘卻時間，不落入時間，我們才能擁有時間。如果落在時間裡面，我們就會被時間制約。

　　愛情絕不是海枯石爛、天長地久，也不是永恆。愛情只是當下，只有在當下才顯出愛的本質，不要讓永恆時間的魔咒損害了我們的愛情。

不斷地給予的愛情

有許多所謂偉大的人高舉雙手，大聲疾呼地鼓舞人們：愛是不斷的給予、不斷的付出，當所愛的人有所需求時，應該毫不吝惜的給予。對方的一個眼神、一個手勢、一個心念、一個腦波，都須隨時隨地的接受，隨時隨地完全的奉獻。

這種完全的奉獻，滿溢的愛情，到底適不適當？

你是否想過：

永遠的給予是不是有違逆愛的本質？

愛的給予是不是我們在預期著一種壓力？

等待著對方的要求、對方的索求？

我們在這裡是不是預期了對方的貪婪？

恐懼著當對方要求我們卻無法滿足的時候，是不是會生氣？

或著是心中這樣的想著：「我是這樣的強吧！所以我能不斷的給予，因為愛是永恆的給予。」他覺得愛是源源不斷，是強者的作為，便學著樣子做，以為這就是愛情！

若是心裡沒有這樣想，而是自自然然的就這麼做了，就像日落大地、風吹拂著草原。如果我們的心態是這樣，我們就沒有什麼好懷疑的。但是，如果心中有一個永恆給予的心，而且把它當作一種信念時，已經把你我分割了。這樣的愛情是不是真實的呢？

　　每一個人總是會不斷的膨漲自己，認為自己有無窮的力量，可以不斷的給予，而不需對方付出。似乎在宇宙中，不斷做一個受壓的角色，整個宇宙的動力現象在自己身上都不存在了。振動、反動、慣性都不存在了，只有不斷的發出動能。

　　可是一般人似乎並沒有這樣的力量，以至於身心不斷的累壓，隨時隨地都有壓力，隨時隨地都等著給予，心中總有著焦慮，這可能導致兩種狀況：

　　一是在飽受這種壓力之後，心中產生了反彈作用。人都有需索，都希望對方的擁抱，但卻一直以壓力控制住了。然而愈壓制，反彈愈大。直到有一天要求對方給予相同的回報時，對方並未給予，整個人就反彈回去了。這時此人心中只充滿了瞋恨、憤怒，他崩潰了，愛情迅速地惡質化了。心中沒有真、沒有善、更沒有美，只有憤怒與貪婪。

　　而另一種狀況是長期承受巨大的壓力，壓到後來受不了了，以致完全崩潰。這時他已經不具任何愛的努力，再也不能

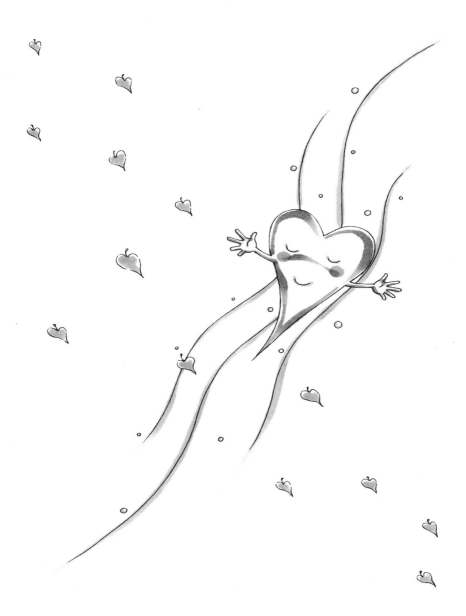

愛所給予的生命，就像自然柔軟的風、水一樣

永遠的給予，自身已經完全無能為力，只剩一個脆弱的自身。或者因不斷的給予到最後耗盡所有的力量，因而對愛情產生失望與虛空、虛假的感覺，不具足了愛情之後，他便從愛情當中失蹤了。

愛情就在當下，不要預期給予的力量，這不是愛的真諦。愛所給予生命的，就像自然柔軟的風、水一樣。當對方需要一瓢水時，這一瓢水在撈起的同時也賦予了。但這裡面沒有賦予、要求的概念。就是這麼自然，不預期的一個永恆的給予。

禪宗以前有位禪人叫臥輪，他認為自己對生命的大答案有技巧，很有力量，曾作了一首偈子：「臥輪有技倆，能斷百思想，對境心不起，菩提日月長。」這首偈子似乎跟我們談的「給予」無關。

但在本質上，假若一個人認為自己有很強的力量，可以不斷的給予，這不斷的給予其實是虛妄的。根本沒有這回事，只是在作虛妄的分辨，沒有瞭解愛情的本質，所以才會把愛情當作心靈的寄宿而已。

不斷的給予，所以他認為他可以斷掉一切思想，不會對境界產生懷念。後來慧能禪師批評了這首偈子，他說：「這是束縛人的，這是沒有辦法彰顯出生命的真義的話。」於是作了另一個偈子：「慧能無伎倆，不斷百思想，對境心數起，菩提這

麼長。」自自然然的，活活潑潑的，在當下顯現生命的特質。當相愛的對方伸出手時，我們自然的扶起他、拉著手，就是這麼自然。

在當下顯現出自然，這樣才能真實顯現愛的真諦。就是這麼自然卻蘊含著如此大的力量，在當下這麼真實的顯現。我們不要預期相愛的人，他會永遠的要求你啊！如果是這樣想的話，實在是侮辱了愛情，侮辱了你的愛侶。

愛情是無常的

　　現代人常常罹患「愛無能」，以至於愛失去主體的動力。愛成了求取、依賴與心理投射的各種變形；愛變成了佔有、責任、偶像與永恆的誓言。真愛是什麼？而愛的能力又要如何培養？

　　什麼是真愛呢？真愛是沒有一定的規則可循的。以下用幾個問題來探索真實的愛。

認識真愛的無常

　　首先我們必須要認識到：真愛是無常的。無常就是具備有不斷變動的特質。愛情是兩個活生生的生命、完全獨立的生命去付出他們真實的感情。

　　使彼此之間達到最圓滿、最和諧、最殊勝的感受。既然兩個生命是獨立的，完全自由的，擁有完全自主的生命方向，所以，兩者之間的關係則必然是無常的。

　　我們一般都以為一旦產生愛情，就希望是一輩子永遠保持

愛情因兩個生命的變化、交涉而變動

這樣的狀況，其實這等於宣佈了愛情的死亡。

當兩者之間對於愛情，不需要再用心，不需要再努力，不需要再使它產生更多的火花和光彩的話，那麼這樣的愛情已經進入了死胡同。

一般而言，從此之後他們會以這個愛情作為踐踏、剝削的基石，認為他不必再去保護它，而且可以無限制的使用它、消耗它。

愛只有在當下是真實的！但是這樣的一句話，並沒有否定「愛在下一剎那會成為真實」的這個命題。

但是，我們要永遠體會到愛只有在當下是真實，這樣，我們才能夠在當下裡面擁有完全的真愛！（為什麼要在當下擁有完全的愛）如果我們去預期下一剎那如何如何，也就是把當下愛的能量移注於下一剎那、移注於未來；或者是把當下的這種能量移注於過去，用來回想過去的種種恩愛情愁，那麼，這都是在分散愛的能量，分割愛的圓滿性。

愛既然是在當下的話，必然是無常的，因為在下一剎那的愛是不必要等同於前一剎那的愛，它應該是隨著兩個活生生的生命變化、交涉而變動的。所以我們說它是無常的。

但是，無常並不是代表一定變弱或一定變壞，它可能是不斷地向上，不斷地使愛的能力昇華。但最重要的是，當一個人

無法承認愛是無常的時候，總是認為愛是天長地久、持續不變，永遠都是當初的那個樣子。

這時候會產生兩種情況：一種是他會毫不珍惜的以愛作基礎，踐踏這個愛情。以愛來發洩他的情緒，以愛來達成他自己的願望、來滿足他心中所想、所需要的，甚至以愛作基礎來要求對方變成他所期望的人。這種現象的產生，已經完全不瞭解愛情是兩個獨立個體相互之間的完完全全的尊重、圓滿、和諧的組合。

另外一種情況是：當他不能瞭解愛情是無常時，他要求愛情要天長地久、永恆不變，認為這樣才叫做愛情，所以他傾盡他生命的所有力量，來使愛情不要變質，來使愛情不會變壞。

結果太用力的愛，造成愛情無法自然的舒發它的枝葉，自然呼吸，愛情無法成為兩個生命互相關注及成長的生命，他用盡全力去照顧這個愛情，反而造成額外的壓力和限制，因此也就無法完全參與愛情的自身，不僅因為無法參與，而使得愛情的本身失去養分的調養，更因為所造成的反面壓力，而使愛更加萎縮變形。

所謂的愛之適足以害之，即是這樣的寫照！以這種边式愛的人，會變得很敏感，很容易因為愛情的形式或內涵有所轉換時，就感覺他失去愛情了！

所以，他的愛情已經死亡了、僵化了，但是他並不知道，他只知道一種形式的愛，除了這個形式外，就不承認其他的樣態了，除了這種內涵外就不認同其他的了，可以說他被某種形式的愛情控制住了！他無法體會到愛情當中的豐富性，和愛情的創新美，所以一天到晚緊緊張張、歇斯底里的面對愛情，希望保護住已死的愛情，用力愈多，卻因為方向錯誤，所造成的傷害也就愈大，愛情的溫暖與光明就這樣地被摧殘，被摻入非愛情的雜質，於是愛情的內容就開始變質。

　　不幸的是，這是一種惡性的變質惡化，不是良性的變化與創新。

　　還有一種是：不瞭解愛是無常的真諦以及愛情在人生中意義的人。會造成太過忽視、輕視愛情，只把愛當成生活自然的一部分，以為就是這樣嘛！也就不太管它理它了，也就為所欲為。

　　這也是不瞭解愛的無常內涵的現象。愛是無常的，所以變化也是理所當然，但你卻忽視這種變動的豐富曲折，而把它淡化成一種簡單的內容。這與上面所提的那種太緊的狀況，剛好是相反的！這種是把愛看得太輕太隨便了，不知道愛是要用生命的力量去投入的！

　　另外，還有一個更重要的缺失就是：這種人忽視了愛情在

我們要自主的參與、引導愛情的方向

生命中扮演的重要角色，他不知道因為愛情的能力的增長，可以使生命更加圓滿！所以，如果讓愛情完全隨順隨性去發展，而沒有適當的疏導與建設的話，也會使愛情產生病變！

所以我們必須認清楚愛情的實相，這就是真愛是無常的。認識這個實相之後，才能瞭解真愛，而瞭解無常的真愛之後，又該如何導引、實踐呢？這就得視我們愛情的能力而定！

愛的能力是個實踐真愛的過程與力量，這種愛的能力與真愛的體會是相輔相成的。在我們每一個相愛的當下，雙方透過真愛的互相感召，必然地使兩者的生命得到光明的開展，必然是使兩者愛的能力得到增進。

所以真正體會無常的真愛，而在當下展現他愛情的能力、生命力的時候，他愛的力量必然會愈來愈強大，而真愛也必然愈來愈深厚明朗！

真愛是在無常下，才能談到愛的能力，這似乎不是一般人可以達到的，這種情況下，我們如何去達到這種真愛，以及愛的能力？

真愛的無常性是個實然的問題，因為兩人的生命是無常的，宇宙的事相也就是如此，所以也沒有什麼好辯論的。而面對無常而期望常態，根本是自己的幻想。

愛情的失敗、失望，本來就是個自然的事情。但是從這種

無常性中，有一個最偉大的特性正彰顯出來，那就是「愛是活的」。

愛是活的，我們不需要為它設下墳墓，它不是固定不變的死物，它是活物。活的有什麼價值呢？因為是活的，所以它會變好，它也會變壞，它會創造，它會成長。它既然能夠有所改變轉換，當我們面對它、在它當中時，我們自己的主體性就出現了，我們可以自主的參與它，引導它，給愛情方向與力量。

希望愛情到達什麼樣的情況，都可由我們的參與而有所改變。

面對愛情的這種偉大特質時，更重要的是我們要如何的來導引愛情，使愛情更淨化、更增長、更創新、更進化呢？我們發覺到這需要很多的條件，可是這裡面最重要的條件是，相愛的兩人之間是否具備涵容的能力，也就是愛情的廣大能力。

增長愛情力

愛情的能力愈廣大的人，能夠容納對方的性格愈大，他能夠體會到對方心靈的深入細密處。所以寬廣、深刻的愛情，是我們愛情的能力所要追尋的。兩個具有完全的愛的能力的人，依於時空因緣下，雙方不斷地取悅對方，使彼此更快樂，更增長，更擴大增長到周圍每一個人，使與他們相處的人，都能感

受到這種快樂與喜悅。

　　要使雙方能融浸在真愛中，也必須掌握時空因緣的條件來配合，這些配合是千變萬化的，可能沒有規矩可循，但是這些技術的完美掌握，因緣條件的適宜配合，必須靠背後真愛的能力來駕馭。唯有具備真愛的能力、增長真愛的能力，才能在一時一間中讓愛喜悅、淨化、增長。

　　所以愛的能力是一切的根本，而愛的能力不斷地在增長當中，真愛的成就就會更大，愛情的成果就會更豐碩！愛情的展望時間就會更長久！所以我們必須來鍛鍊愛情的能力，讓愛情的能力不斷地增長。

　　愛情的能力之增長，首先的第一課題是：認識真實的愛情、體會真實的愛情。也就是讓愛情的體質真實的展現，使我們真正澈底的瞭解真愛，而讓我們得以與真愛完完全全的結合在一起。否則我們想像的總是佔有式的、排他唯一性、為愛殉死等等錯誤的愛情觀念。

　　這些觀念是必須要扭轉的。當我們對愛情有了真正的瞭解，在掌握真愛、增進愛情的能力時，才能夠有真實實踐的可能。

愛是創造與進化的過程

真愛既然是無常的，我們就有力量能使愛不斷的創新成長，既然要使愛愈來愈向上發展，就需要有因緣條件的配合，這個條件就是愛的能力不斷的增長！

在當下的真愛下，愛情的能力因此得到更大的發展，所以在真愛當中，我們更有力量更有內容的來創造更深刻的愛情與更廣大、更美麗的愛情。

不僅在兩人的世界中如此，更可因此擴及到周遭的環境、人事，而使愛情的深度與廣度得到發展。在兩個人有真愛的完全投入時，相互之間形成不斷增長與不斷創造、不斷進化的生命體。透過不斷的創造與進化，在無常的世界裡，真愛也因此不斷的圓滿。

所以，真實的去體會無常，真正深刻的體會到希望無可依；世事皆因緣而起，變化不斷。才知道生命的意義在把握每一刻的當下，當下去增長愛的能力，去發揮愛情的能力，愛情才是無怨、無悔，才是不斷的創造與進化。

然而一對愛人，常常會出現要愛到天長地久的諾言，難道這樣的要求是錯誤的嗎？是不應該的嗎？這跟前面所說：「真愛是無常的」是不是有所衝突？

　　「天長地久」的愛情與「愛是無常的」兩者是不見得會有衝突的。但是一般人對真愛的實相認識不清，以至於對天長地久的認識也是錯誤的。

　　人們一開始就預設了天長地久，就要求天長地久，這就已經注定了他的愛情要失敗了，已經注定要受到愛情的傷害，因此絕大部分的愛情是無法天長地久的。而且這天長地久的期望本身，根本是對無常變化、對不確定的事實作不合理的要求，也就是不切實際，忘失事實的實相。

　　因為要達到天長地久的話，需要牽涉到許許多多緣起上的因素，並不是不能，而是在事實上微乎其微的少。

　　如果要允諾天長地久的諾言，他不只是當下對感情要對你負責而已，還要有完全愛情的能力，在永遠的時空裡面隨時隨地將愛情保留，這種愛情的能力是非常非常的強大，否則不足以保存延續到如此久遠！這對現實的一般人而言，是絕對辦不到的。

　　所以天長地久這樣的話語只是互相安慰的話而已，並沒有實質的意義！你要求對方天長地久的話，相對的你也需要具備

愛情是無止盡的創造與進化

這樣的能力才行，否則他有天長地久的愛，你呢？一個主體要求對方天長地久，而你卻無法跟他保持天長地久的愛情的力量，那麼你們兩人也是無法天長地久的，如此一來，這些話語，都是只在求自己的安心罷了！

兩人要天長地久，除了單純彼此之間是否具備強大的真愛能力之外，還牽涉到兩個文化的關係，而且不只兩個文化，而是牽到整個複雜的外在關係，整個時空的變化。

所以天長地久是可能的，但是百分之九十九點九九九九的人，都只是在求安心而已，都無法瞭解這句話的真正意義！「能讓天長地久的愛情」這句話具有意義的，可能只有佛陀方能真正體現這句話！沒有到達這種境界時，將這句話提將出來，只是徒增認識真相的迷障罷了！

對方愛的是現在的你？還是以前的你？是外在的你還是內在的你呢？連你自己都無法瞭解哪時候的你才是真正的你，又何況別人呢？

你要求對方愛你，是愛心靈的你或是肉體的你呢？

如果是心靈的你，那你一天天、一年年的思想變化、人生觀的改變，你還要叫他愛這個已經改變的你的話，那對於以前的你來說，他到底是心了呢？還是天長地久呢？這都有所爭議的。

如果是愛你的軀殼，那軀體會長大、變化，所以你要他愛哪一個時候軀殼的你呢？這都是很複雜的！

　　當然，當對方可以應你的要求而來做這種諾言，當然也可以彼此在愛的不斷變化、創造發展下，終於有一天達到這種天長地久的境地。

　　如果兩個人有天長地久的要求時，不妨將之視為對方天長地久愛你的開始，是個學習的開始、過程的進入，而不是說完這一句話後，就已經天長地久了！或是將之視為彼此間要有天長地久愛的勉勵期許，互相之間增長，互相之間進步教導。彼此去創發去淨化，去達到愛的天長地久。

　　所以愛到天長地久是互相成長，讓真愛能力更強更廣的約定，而不是說了這句話、發了這個諾言，就以為真的就能夠如此了，這完全忽視了天長地久的真實內涵。

　　尊重對方與關懷對方的分寸是如何拿捏？有時候為了尊重對方，常會造成對方認為你並沒有關心他。

　　尊重對方與關懷對方的分寸是沒有一定的，是相互參與的感覺，因為每一個人的需要需求都有所不同，假設你所愛的人，他需要你給他建議、意見，如果這時候你不給他回饋、回應，而推說：「我會給你自由的空間，我要尊重你，所以我不給你建議。」這只代表你是在尊重你自己心中的要求、尊重自

己心中的形象，而不是尊重對方，根本沒有參與對方。

所以這裡的應用是很深刻的，需要很能體解這種種的緣起。如果你真的愛對方的話，你就會很深刻的去投入他的生命心靈，去瞭解他內心深層的感受。

假若一對相愛的人，當一方在黑暗的地方很害怕，這時候另一方如果不扮演強者來保護，而說我要你成為獨立自主的人，所以我不保護你！不是尊敬而是忽略！

所以，一個真正愛對方的人，他投入對方的心境而來做完全的投射與相應配合，而不是以自己的心境為標的。

有時候需要扮演丈夫或是妻子的角色時，就扮演丈夫或妻子的角色；扮演父親或母親的角色時，你就對他像哄小孩一樣；當對方要彰顯母愛或父愛時，你也要依偎著他。

而在這角色變化當中，又不失自己生命的獨立性，我們的心柔軟地相應著他的變化而變化，應他的變化然後牽著她的手共同走往生命的成長路。這才是我們所講的尊重與關懷。

這裡很特別的是：當你與對方配合相應時，卻不失自己生命的獨立性。

這是因為當我們的心柔軟充滿著愛情的光明時，我們就會在這當中成長！這增長是自己的增長，在這不斷增長中，我們投入對方的能力愈來愈強，我們愛情的能力也愈來愈強，我們

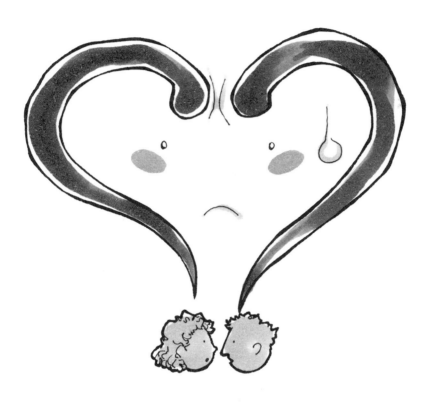

你愛的是現在的他？以前的他？心靈的他？肉體的他？

生命真善美的質能愈大，對於各種角色投入得愈柔軟愈自在，這時我們的獨立性愈大！

　　而在這過程中不斷地產生喜悅，不斷地讓彼此的生命擴大增長，識見更開展、更昇華，而我們也更愛對方，隨時隨地扮演各種恰當的角色來跟她相應。

第三章

・愛情的空間密碼・

把握當下的愛情

　　愛情的另一個魔咒是愛情是永遠的追尋，也就是在空間上，兩個生命不斷的廝守在一起。這樣物化性的看待愛情，其實傷害了愛情的本質。

　　在過去，愛情賦予了男人自由的移動，而女人卻必須在固定的空間中，這種愛情的形式很難推算為愛情，說穿了不過是文化的制約罷了。

　　現代的生活中，這層限制已經不存在，空間的變化也加大了許多，有的小倆口朝暮廝守，甜蜜到不行，有人各分東西，一月難得相聚幾回；有些人則維持著若即若離的關係。

　　空間變化雖大，但其實重點不在空間上，因為不管分離多久、多遠，人們總是見到對方時，才實實在在地獲得了安全感，才有愛與被愛的感覺，如此才能脫離心中不安的掌握。

　　想想，如果不斷追尋是真愛的話，有一天客觀的環境被破壞了，彼此的相聚與空間改變時，那麼愛情是不是就被破壞了？

愛情是相聚在一起時，共創最美麗的愛情空間

在這樣的推論中，愛情想必是有更高的層次，使彼此在肉體不能相尋時，仍能產生生命的共鳴。

所以千萬不要認為愛情是一種相互的追隨，這樣的說法，並不是否定空間上的相互廝守，而是要認知：在空間上的相互廝守是愛情表現的最佳意念形式。

所以我們要珍惜每一分每一秒的相聚時刻。在每一個當下，展現出最美麗的生命。

但是，人世間是很無常的，我們的事業、子女甚至戰爭、患病，都可能造成空間上的乖離。然而這一切都不能傷害我們真實的愛情，只要我們真的在一起時，就好像我倆沒有明天一樣，完全真誠，共創最完美的剎那，在每一個當下都是那麼美好。

當兩人要分離時，有著完美的光明，就像宇宙中一個相應的粒子，不管它的距離是多麼遙遠，當一個粒子轉動的時候，另一個粒子也相應著轉動，這才是最美麗、最真實的愛情空間形式。愛情在空間中的密碼，重點不在空間的形式，而是把握當下。

愛不是負擔

七等生曾在《譚郎的書信》中悲歎地說道：「如果我們有

一次在街頭攙扶一位老太婆走過馬路，由於做了一次，就必須注定永遠服侍於她，這是多麼不可能和荒膠的事。」又說：「如果那被扶持過一次的人不能認識到當時對她的扶助是那人內心喚起的偶發精神，而以為像她那樣的人後有權要求只限定那人專門別對她服務，這那裡是會規範呢？兩個男女在某時某地因為某種精神的契合而相愛，如果不把相愛的事實視為可怕的偽騙，或許有助於這種精神的維持和擴展，像一個優美的樂句產生自心胸，經過認可和經營展現成一個起伏有致的動人大樂章……」

日常生活中「限定守門服務」的名目可不少，諸如「我的妻子」、「我們家唯一的後代」、「這一生唯一的愛人」、「男子漢大丈夫」等等。人們在名目下承擔「應該」或「自己所謂應該」的責任，同時也在心中埋下了負荷與付出的陰影，因此，人們會說：「我為你付出了這麼多，難道你一點也不感動？不在乎？」

聽說在日本有些女大學生為了幫助她的男朋友讀書，於是去做援交工作，供養她們的男朋友。她們不以這為恥，甚至認為這是有責任的表現，是為愛付出，她們的男友也不會感覺這樣是不好的。

假若這是一種文化現象，我們無話可說，但假如這是一種

愛情的認識，那麼這樣的愛情已經走火入魔。

而許多男人為了使家庭溫飽，為了使妻子能風光的站在人前，不被人看低，甚至為了使他的女朋友對他感到滿足，而不斷的拚命工作，超出生理的負荷而傷害自己的身體，卻沾沾自喜，以為這是負責任。這樣的看法，只能說是男性沙文主義的意識而已。

認為愛是責任、負擔，是大家普遍的信仰。人們習慣於負擔別所人以為美德。小從食衣住行的小細節、日常的喜怒哀樂，大到要對我們所愛的人負擔生命。這種責任的觀念透過父母、師長、親屬，從小就牢固地烙印入人們的心中。它代表一種正面的價值肯定，和在各種名目下的「應該」。

在這觀念的框框裡，我們將對方固定化，假定對方的需求，然後自我膨漲混雜著觀念的制約，便認為似乎替對方擔負起生命的責任才是愛的真表現。但付出往往伴隨回饋的期待，因而小而細心的付出常引人傷懷，久積則成怨，造成與對方的衝突和緊張。而一些非常人所負擔的責任，則常使生命有著沉重的負擔，生命逐漸枯竭萎縮、扭曲變形。

無我的愛情

如果我們的心中會有為了愛可以犧牲一切的想法，為了

愛情的本質是無我的

愛，可以把現有的一切都給予所愛的人。一般看這樣的行為，也許會認為這是偉大的德行，但是這麼偉大的德行絕不是愛情的本質。

因為愛情的本質是「無我」的。它不是犧牲自我去成全對方的，因為這樣的愛情將使兩個相愛的人受到傷害；而且自我的傷害，絕對是對愛情的傷害。愛情是兩個平等的生命相互交流與融合，所以不會有犧牲其中的一方而成全愛情的這回事。

所以布施愛情時，將兩個人拆離了，是在兩人融合的過程中劃上了一道界限，將兩個愛的生命拆離，這已經背離了愛情的本質，完全看不出愛情有實現的可能性。

雖然為愛情而犧牲，可能是我們所讚歎的，但是絕不是愛的自身。所以我們期望真實相愛的兩人要瞭解；為了保護自己，讓生命力更加完美，才是對愛情的最佳保障，才是真正的愛情。任何傷害自己，甚至把自己的生命交付給另一方的保證布施，「使對方來愛」這樣的觀點已經脫離愛情的自身，並不是愛情的最高境界。

為自己所愛的對象努力奮鬥，將整個生命奮鬥的成果放在這上面的話，是對愛的侮辱，而對所愛的人投下不信任票。

不要把負擔、責任掛在嘴邊，或掛在心裡。似乎我們若不是為了所愛的人做出這些奮鬥和努力，就是不負責任、不道德

的。

　　不要在自己的愛情之前裝出有責任、有擔當的樣子。要知道，在愛的道路上自然的互相扶持，這時自然的生命完美的展現「無我」，才是不斷的創造真愛的精神，愛就是這麼自然。愛就是愛，不用多說。

　　生命的每一部分是合一的，它是自然的，互相協合努力共創每一個當下的美滿。心中沒有責任意識，沒有負擔意識，自自然然的，像風、像水、像太陽、像泥土，彼此自然的運作著，構畫出宇宙中最美麗的圖案。在這中間只是那麼有默契，那麼自然的互相幫助、互相扶持，而心中完全沒有扶持與幫助的概念。

　　只有「無我」的愛才不需要不斷的防衛，不斷的要求對方愛我，因為只有「無我」的愛才會使雙方柔和的在一起。無我、無常才是愛的真諦。在每一個當下創造出愛的永恆，這永不斷的愛的串連，才是愛的最高境界。

相愛的兩人是平等的

愛情不是犧牲

愛情如果是犧牲，那麼是要為了使雙方的生命得以昇華，不是完成「犧牲」這個德目；而是像左手布施時，右手並不知曉。

其實相愛的雙方應該是平等的，完全交互的融化，就像身體的手、腳、腦，左手和右手在做任何的動作，只是自然的配合。左腳、右腳在走路時，並不會說我負擔著對方，我替對方負擔著責任。

愛是沒有犧牲的，而當我們認為愛是犧牲的時候，已經進入了愛情的死胡同。我們似乎看到一個血淋淋的事實：「我們必須為我們所愛的人付出一切，犧牲一切只為對方，即使粉身碎骨亦在所不辭。」似乎只有這樣子才能表現真愛。

愛是兩個生命完成一體的創化過程，如果以「愛是犧牲」的形式表現愛的話，所表現出來的愛也只是不完美的愛。心中

愛情是相愛的雙方是平等的

有著「愛是犧牲」觀念的人是十分可怕的，這是愛的魔咒，只會讓我們看到愛情的悲劇不斷的重新上演。

當我們有犧牲的觀念時，隨時都可能錯入愛的偏鋒。會找尋犧牲的因緣條件，在最恰當的時機投入熊熊的火爐中，有如飛蛾撲火般，讓微脆的身心化成犧牲的火焰，來完成我們所想像的愛情。

瞭解真愛的人要把這可怕的心去除，否則便著了愛的魔障。就像佛教徒中有許多人修學苦行，是為了消除他的業障，認為苦是有一定份量，如果不斷的吃苦，修持苦行就能消除業障。但卻不知道在修苦行的時候，心中已經攝下了苦行的風貌，這苦行不斷的烙印在他心中，以致他可能將他過去的業障消除了，但苦行將深蝕在他的內心，結果造成更大的業報。而這業報是比過去的業更揮之不去，更纏綿於骨髓內層的，這是最可怕的業報。

佛陀苦行六年，最後證明苦行與覺悟無關，必須持中道而行，而苦行唯一的作用只能證明苦行無用；錯誤的愛會作出不斷的犧牲，然而犧牲到最後也只能證明犧牲與愛情誠然無關，真愛卻在當下得到完美的回饋。

愛情沒有犧牲的念頭

愛情是不必具備有犧牲的念頭去期待愛情的到來，將愛情視為犧牲是負面的根本產物，是造成愛情有最可怕結果的原因。

愛情是光明的，是當下的回饋，當下的完美與當下的圓滿。愛情的本質中不容許潛藏犧牲這的負面字眼。

或許有人會問：難道必要的時候我們為愛的人犧牲是愚蠢的嗎？答案是否定的！這不是愚蠢，這是真愛的展示。這就宛如一個人無我無私的看到他的愛侶在無奈當中自顧自的投入，他根本沒有想到「犧牲」這兩個字，他僅感覺到好像身體的左手、右手，當我們的腦要受到打擊的時候，手自然而然的伸起去保護。我們並不會認為手為腦犧牲，因為手腦是一體的，我們與所愛也是一體的。

然而犧牲是把生命拆成兩個的概念，不是愛的統合概念。所以有了犧牲的念頭時，如果能夠承受犧牲的打擊，會自認為是偉大的美德，這種念頭會造成一種「我慢」的心態。事實上我們在人間所看到的婚姻、愛情，幾乎都是充斥在「犧牲」這個魔鏡當中。

譬如我們常常會聽見先生對太太抱怨說：「如果當初不是我如何如何犧牲的話，他也不會有今天，而現在他是這樣的對

待我！」以下的故事，或許能說明這樣的一個事實。

有一個事業非常成功的先生，自幼在貧困的家庭中長大，他妻子家比較有錢，而且人際關係良好，所以在他完成學業久後，靠著妻子的幫助，又到國外繼續去深造，終於完成了博士學位與太太結婚了。但是他太太心中一直認為先生有今天的成就，完全是她的功勞，於是常常肆無忌憚的操縱著她的先生。

太太自認居於首功，且認為與先生在一起犧牲了她的所有選擇，（因為當時有許多人追求，她都不要，而跟了這個窮苦的男人。）不知不覺中便自滿了起來。

而先生總是心存感激，但是這感激慢慢形成了很奇怪的現象，先生不斷的對太太讓步，太太則展現操縱的能力。

情況愈演愈烈，到最後先生終於受不了，開始去尋找另外的心靈寄託。她發覺先生的心已離她而去，於是不斷的埋怨、憤怒、陷入狂怒的狀態，甚至找另外的對象以為報復。

除了這個典型的例子外，中國古代還有另一個相反的例子：貧賤的妻子千辛萬苦的供給丈夫，讓他進京趕考，最後中了狀元卻拋棄了糟糠之妻。

我們對此充滿同情，不免心中哀嘆：值得嗎？

然而我們看待這些悲淒時卻也渺茫的愛情故事，不知事情一開始便錯誤，因為我們不瞭解以一段犧牲去換取一段未來的

結果是不可行的。如果不巧未來與預期不符時，心理上的打擊更是可怕。

假若做這些事只因為愛，心中只有愛，便沒有所謂的犧牲，而只有享受了。只是當下願意這樣做而已，所以心中不能有任何期望。就像一個修行人，他要修苦行，心中不能認為自己修的是苦行，如果這樣認為，心中已經有了最深刻、最可怕的貪婪與畏懼。這時候他會產生一種「我慢」，這樣的修行是一種魔障。

愛就是愛，沒有所謂的犧牲不犧牲。愛情在當下得到回饋。我為什麼現在這麼努力做這件事情，我甚至拋棄一切為我的愛侶做事，因為這是一體的、沒有分別的，這樣的愛情才會昇華，才會增長，才會進化。

如果有了犧牲的念頭，你做的這件事裡面就有了痛苦的本質，這時候你們只是互相的苦苦支撐，所以一定會崩潰，一定會彼此傷害的，因為已經隱藏了未來變質的可能性。

但是如果當下你沒有犧牲的觀念而只是這樣做著，將來是將來，現在是現在。

現在是趕快增進愛的能力，讓愛不斷的進化，在當下不的斷的回饋，所以未來的離開也是無妨，因為在當下已經有了圓滿的成就，而這樣的愛很難變質。

千萬要記住，不要有犧牲是很偉大的念頭，因為這是傷害的最可怕魔障。

真愛無相

　　常有人在演唱會中擠死，現在的演唱會場面都很大，人們在場中瘋狂的吶喊，歇斯底里的崇拜：「啊！我愛死你了。」然後身體隨著音樂擺動起來；影迷歌迷飢渴的期待偶像消息，所以專門的雜誌十分暢銷，報紙每天需要提供大篇幅的影劇版。除此之外，運動員、政治人物……等等，偶像紛紛出籠，青少年依然高喊：「我愛你！×××。」愛是如此輕易出口，這種愛就是崇拜！

　　這種現象的產生是起於生命內層不肯對自己的生命負責所展現出來的樣態，就以一個小孩或青少年而言，不管是戀父或戀母，皆起於一種依戀。

　　因此，當他找到新的依附對象時，就會對過去作叛逆。就像小孩子上了小學之後，老師變成了新的依附對象，因此老師的話最有權威，不管家長是某某專家，都沒有用。即使老師講的沒有什麼可取之處，也是奉之如神。

　　所以如果在教育的過程中，老師將他自己的意志或欲望表

達出來，影響了孩子，孩子就會對父母做出要求。若將種權威依附由老師換成商業廣告，效果更加顯著，這就是資本主義社會利用依戀情結的特色。

年輕人總喜歡一個人的那種孤獨感、突出感，卻又喜歡大家喜歡的東西，跟著流行，別人有，自己也要有。

這種矛盾正表示自己很害怕孤獨，於是他必須不斷的找尋認同感，找到可以依附的對象；而從小的教育印象卻又慢慢的形成、強化依附依戀的傾向，透過一些教育和知識的增長，使得從小對生命的自戀與時空的條件結合，轉成對權威的迷惘，尤其現代社會中強大的媒體，使得這種趨勢更加惡化；加上現代社會的忙碌，使得生命的傳遞只單薄的注重知識的灌輸，無法有紮實的生活教育、從生活中學習一切，變成把一些問題都丟給孩子自己處理。

但孩子並不夠成熟，心中的依戀又很強烈，於是轉換他對權威感的依戀，造成叛逆。有時他的叛逆是對整個時空的叛逆。

如果是小時候沒有受到長輩的照顧，就會產生反撲，所以他特別喜歡「酷」、特別喜歡某個明星、某個形象。其實整個兒時的依附是自戀和對權威的盲目。

但大人不能因此而譏笑少年，因為成年人對政治權利的崇

真愛是清楚地了知自己的愛

拜、對宗教的崇拜，就本質而言，毫無兩樣。反而更矯揉做作，不如年輕人的熱情直接。

這種自戀與對權威的迷惘的綜合心理中，一點一滴的愛也沒有，只是在找尋心中期望的幻象與對幻象的依附和崇拜，僅是大人技巧，小孩技拙的區別而已。君要臣死，臣不敢不死，和女影迷為成龍自殺，並無二致。

甚至對某種思想的依賴，對馬克思的崇拜，也是發源於此。趨力相同，只是對象、形式和處理技巧不同而已。這種自戀狂與崇拜狂交織成今日社會普遍失去自我的現象。

其實不只是青少年對偶像崇拜，整個人類都在走向這條路。許多號稱為了理想，只是以知識技術來掩蓋。許多宗教徒的狂熱、政客玩弄政治，百姓玩樂透、對金錢的迷戀、對權力欲望的迷戀，看起來似乎技巧更高了，更能夠控制自己了。但在本質上都是盲目、迷茫的，整個人類愛的方向是不是完全走錯了？

自殺的女影迷和民主殿堂的人們，智商其實不相上下。在此，我反而十分同情時下的青少年，但並不是同意他們。他們很可愛，沒有一些技巧來掩飾他們赤裸裸的愚昧，但是他們並沒有感覺愛的美麗，體會到更深刻的愛，只是將青春的熱情投注在遊戲中，一方面想要獨自擁有，卻又矛盾地追求流行。

原因是上一代沒有把對生命的關注、心靈的開放，教育給下一代，使下一代只學到一些知識技術。生命的矛盾無法解決，熱情活力只好投注於心中的幻象，以赤裸裸的手段愛戀偶像，卻又因心中無依的恐懼而逃入人群之中，追趕流行。

　　而這些責任應由上一代來負責，所以一個社會只有不良成年，無所謂不良少年，並不是現今社會上沒有不良少年，而是指不良少年其實是不良成年的產物。

　　年輕的一代是具備最青春的熱情、最赤裸裸的熱情的生命，但他們只有熱情的傾注，沒有真愛的成分；只有本能的趨動、混沌和盲動。在加上資本主義社會的包裝，依據他們的需要，去迎合他們的需要，故作「酷」狀。

　　如果有一天突然跳開，反而會覺得過去愛戀及崇拜的對象毫無被愛戀的條件，甚至會覺得噁心。

忠於自己的愛

　　也許有些少男少女也覺得這些現象很可笑，不愛這些流行的左右，但心中仍愛戀那種孤獨的感覺，這還是沒有看清楚，都是心中不清明、不能產生真愛的狀況。真就是愛，愛就是真。所以真愛就是忠於自己的愛，就是要清清楚楚去了知自己的愛。

但是大家對愛的定義是盲動、是不清楚的，會讓自己的心緒浮動。這只是本能的趨動，是一種性欲的複雜表達和延長發情期而已。也許有些人能夠使這種愛戀昇華到非性化，但其中還是有執著性，並非圓滿的真愛。

　　真愛是由心裡穿透到身體，以及到周遭的環境，讓兩者中間完全的投入，完全的化融。所以他不會固執地以自我為中心，不會強烈地只表達他自我的形象，而是真心真誠的相待與投入，他永遠保持著自己的獨立自主生命和清明，用這種清明的心靈，把自我的執著和固執化除，而完全的去面對投入對方。

　　所以真愛的兩人互相之間投入對方，而使彼此之間完全轉化，而互相滿足互相增長。他不會以自我的形象為根本，但也不是葛藤附樹的攀圍，更不僅止於「女為悅己者容」的情形而已，而是互相真實的投入，真實的成長，使愛情得到創發！

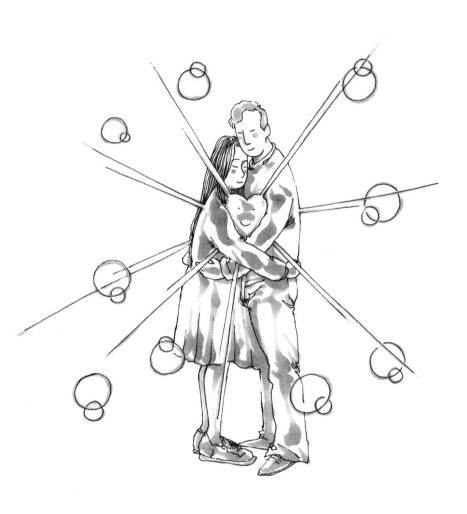

愛情是由心穿透到身體、環境，讓兩人完全的投入、融化

健康增長愛的能力

　　健康的身體讓我們有愛情的能力，許多人以為愛情應該是有點神經質的，甚至是病態的。這在許多小說和浪漫故事中十分常見，如梁山伯與祝英台，如林黛玉的弱不禁風，以病態來烘托才情與浪漫，視病態為浪漫愛的表徵。

　　小說如此，必然也是一般人的心理投射，這是不正確的。身心其實是一體的，心理的健全必然會在身體上顯現出來，所以一個精神愉快的人，在身體上會比較健康。

　　一個人在愛情的光芒裡的人，他的身體也會煥發出愛的光芒，這種愛的光芒是真愛的光芒，是喜悅的、清淨的，所以在真愛的心境下，真愛者的身體狀況自然也相應地朝向健康、平衡發展。

　　相對的，有優良的身體，也會使心境不易浮躁、悲觀，而更加平和，使心通往身體、環境的通路更加通暢，所以在展現愛的能力時，也因此更加順暢無阻。

　　又從另一個角度說，為了切實有能力學習真愛，為了使對

為了使對方體會到真愛，真愛的一方會因此更珍愛自己的身體

方體會到真愛，所以真愛一方會因此而更珍愛自己的身體。

或許有人一天到晚躺在病床上，他的心還是很平靜，他還是很愛對方，而他之所以長年躺在病床上是因為不得已、不能避免的原因，那我們認為這樣的愛情是很美的。

但是今天如果躺在床上的人，是因為他自己不珍惜自己，他放棄自愛的力量，沒有為相愛的對方而來保護自己，也失去保護、愛護對方的能力，不能盡情的陪著對方、伴隨著對方，這樣的人的愛，是要大打折扣的了！至少他在智慧上是多麼的不足！

所以在培養愛的能力的要件中，健康的身體是必須的，在健康上要不斷的增強！而絕對不是「為情傷風為愛感冒」。

愛的能力在實踐時，不僅需要有愛的正確認識，以及心靈的真誠付出之外，更需要在實際行動上付諸實行，展再出愛的行動力，這種行動力就需具足健康的體魄了。

而且身心本為一體，所以在行動力上的增長，也能促進真愛內容的豐富、加強真愛的強度，如此一來兩相呼應，造成良性的循環，這對真愛能力的培養將會進步神速！

這種互相配合的真愛能力也會帶領對方，讓對方也感受、達到真愛的能力，所以不管是為了自己、為了對方，也為了整個展現他真愛的世界，這些都要擁有健康的身體！

讓自己保持在最佳的狀況！所以自愛是愛的能力培養的重要基石。

　　身體健康可促進、保潤愛的能力，可是並不是說有健康的身體就有愛的能力，也不是說身體不健康的人就沒有真愛。

　　而是，在愛的能力培養中，有較增強的身體就能使愛的實踐更有力更完善，更能創造愛的光明。當然這裡並不牽扯入身體本來就是健康或不健康，因為這是一出生就有的資材，而現在為了愛情，為了要在愛情的能力上增強，就要使自己比本來更健康。

第四章

·愛情的心靈密碼·

愛情是心靈的完全開發

愛情不是相互的要求

有人以為愛情是一種相互的要求，而且在互愛時，有意無意地要求對方；要求深愛自己的對方，對方為了與深愛的生命在一起，就開始要妥協屈從。

所以這是在傷害一個能夠愛自己的生命的動作，這動作會對所愛的人做種種的要求，因而逐漸減弱對方愛的力量。

而且愛情擁有一種排他性，所以當兩人互相示愛時，會要求對方遵循著我們生命的意志，委屈自己，以對方改變的程度來檢驗愛情的深度。

這種觀念是很可怕的，愛情絕不是建立在雙方的要求上，而是自我內在本質的發揮。

當愛情落入相互要求的層次時，就會造成心靈的物化。這時的愛情就像可以取用交換的物品，容許討價還價。

所以當我們強烈的要求對方時，從對方的回應中會發現

愛情不是站在愛的秤錘上計較

到，要求對方的基礎，其實是建立在雙方所擁有各種相互吸引的條件上。

這些條件包括了我們個人的美貌、所擁有的財富、心靈特質等等一切條件。

當我們擁有對方願意付出的條件時，自身會做出要求，而對方也會屈從。

是的，在彼此吸引力足夠的時候，對方會屈從（甚或是不經意的屈從），但是在這種要求下，對方生命逐漸散落枯萎，雖然在短時間內你似乎滿足了，但就長時間而言，其實你是在與一個讓你消耗深愛的力量的生命在一起，也就是你在傷害一個能夠愛你的生命，並且使他的愛情力量削弱。

就生命的投資而言，這樣的做法的確是損失不少，也許只是一個小小要求的心，然而貪婪與和平終難共存，當我們的要求擴大到另一個層次，當我們的吸引力比對方的要求弱時，便會造成愛情的短缺，爭執就從此開始了。

我們不再享受愛情的甜蜜，而是站在愛情的秤錘上，開始計較著：

我愛得不夠嗎？

對方愛我愛得不夠嗎？

這時的愛情變成了測量，而且我們會想盡辦法，生出了許

多標準與方法來檢測，花很多時間做無謂的協調與溝通。

昔日美麗的愛情落到如此地步不是太可憐、太可悲了嗎？

如果以要求來表現對方對你的愛，這可以說是自我人格最大的侮辱，也是對自己的愛最沒有信心的表現。所以愛情絕不能落入要求之中。

愛情是兩個心靈的完全開發

當我們無限制擴大要求的時候，也就是當我們無限制奴役對方的時候，真正的愛情已經消失了。

因為真實的愛情是兩個心靈的完全開發，而不是一個心靈控制另一個心靈。

愛情絕不是操縱而是互相的開發，兩個完全自主心靈的融合，愛情不是一加一等於二，而是兩個粒子的互相融合。

在愛情中，我們身上會散發出愛情的光輪，但是錯誤的愛情觀念，總有一天會使光輪慢慢消失。

愛情是屬於主體的東西，我們總不希望讓我們愛的心靈物化，讓自己變成可怕的操縱者。

愛情只有當下，沒有未來，所以愛情不能變成一種希望，同時也不會變成一種希望；因為愛情的事實就在當下實現，所以希望是無從生起。

人們總是習慣性的把希望和未來化為等號，卻不把心力放在當下，從不關注此刻發生的事。因此人們的生命一直在等待中度過，等待下一刻、下一回、明天、後天、一年又一年，時間就在無窮的希望與等待中消逝。而且會自我安慰說如果今生無法實現，那麼來生吧！中國人得過且過的宿命個性不就是如此形成的嗎？中國人永遠擘劃著美麗的未來，而這種民族性又不斷影響我們。

　　所以，當愛情也變成一種希望時，就會衍生出一種要求。這種雙生的心態使當下的感情沒有辦法掌握。

　　在任何時期，我們可以用理性來推論、預期，卻不能抱以希望。

　　希望是一種期待，也是過去的欲望，依現在的條件而對未來加以控制，這樣的欲求會消減我們當時對愛情的真實感覺，而且未來我們的要求沒有辦法達到的時候，我們的愛情就產生質變了。

　　所以希望會使我們當下的愛情失真，當我們把愛情寄託在希望上的同時，也失去對愛情力量的信心。認識並跳離細微巧妙的『希望』的心理陷阱，這是當下的智慧。

　　想想看，當一對深愛中的兩人攜手並進時，卻不把他們真正的愛情放在當下，而託放在未來美滿的生活、寄寓於未來事

愛情不是一加一等於二，而是兩個粒子的互相融合

業的成功、期望在未來能夠彼此保護，這時候的愛情是多麼虛幻而不真實。

　　希望的破滅會造成愛情的變質，所以愛情並不是希望，若愛情落在希望裡頭，會使我們失去愛的力量。

愛情是自然的圓成

愛情不是佔有

艾德伽・鮑爾說：『愛情是一個殘酷的女神。她像一切的神祇一樣，想要佔有整個的人，除非他把靈魂和肉體全部獻身給她之後，絕不滿足。』

愛情是不是一種佔有呢？我想許多人一定會說：『是的，愛情是一種佔有，沒有佔有就不算是愛情了。』愛情在此具有內在的封閉性與排他性，而且許多人感覺到不是佔有就不是愛情了。而情侶一旦開始相愛，自己和周遭的人也有意無意的排他，但我心中卻不是這樣認為。

佔有不是一個統一的概念，而是一種分裂概念，而排他也是，只是佔有的一體兩面。

真正的愛情是諧和的、統一的，可見得在根本上愛情和佔有是不同的概念，它們怎麼可能劃上等號呢？

認為愛情是佔有的人，往往也會因為沒有獨佔的感覺而遷

怒對方，感覺不到擁有對方而引發種種的爭吵。同時，這樣的人也會不斷排拒著周遭的生命，有時甚至會玩弄著佔有的遊戲，試驗愛侶是否真的愛他；由於感覺不到獨佔的擁有對方而故意和第三者做某種形式的交往，來使愛侶吃醋、爭奪，甚至到最後弄假成真，也忘了什麼才是真實的情境。單角、三角、四角、五角、多邊形，不斷的擴大這個變化關係，這樣的局面，其實也是佔有的變形狀況罷了。

愛情是自然融合現象

愛情是一種自然的圓成，不是因為要在心理上感覺擁有對方而排斥或是佔有；而是像水銀洩地一般，粒粒成圓。

當我們將兩顆水銀調和在一起，它們會自然地溶合在一起，不必用特有的形式去強調、去顯現他們的樣子或是個別性。真正相愛的兩個人就像這樣，你泥中有我，我泥中有你，宛如水跟水，火跟火一樣，已經分不清誰是誰了，自然地調和成一味。

這是種自然融合現象，而不是排斥或獨佔。

必須在某個形式上表現他們的統一性，或是以一種獨佔的心來表達『這是我佔有的愛』，這是一種沒有安全感的愛情，是恐懼失去對方的象徵。

愛情不是佔有，而是融合。

如果對方沒有以他想要的方式擁有，這時他真正愛的可能是他自己，他只是愛自己想要的那種形式，其實他心中所愛的對方並不是真實的對方，而是他心目中的樣態。這就宛如不同質性的東西綁在一起，這種狀況一但碰到某種適當的條件，疑似相愛的對方，必然也會產生分離。愛是真、善、美的特質；佔有是屬於貪、瞋、癡的特質，兩者並不相同。

　　所以，如果我們將佔有納入於愛情當中，就是破壞我們愛情的本質、愛情的力量、愛情的生命。我們要認清愛情的真實，不要落入佔有的模式，就像風跟風、水跟水，我們是愛著對方，給大地凸顯出無限的多采多姿。清風徐徐地吹來，在河面上微微的吹起水波，我們感覺到彼此的呼吸是一體的，哪有誰佔有誰的問題？話說回來，既然已經融合統一了，又何必佔有呢？

愛情是感覺彼此的呼吸是一體的，哪有佔有的問題

愛要說抱歉

大家常喜歡講：「愛是不用說抱歉。」

認為雙方已經那麼相愛了，個別都已經融於對方了，所以沒有理由要說抱歉，然而愛情似乎是要有抱歉的心，有寬容的心，愛是要說抱歉的。

禪宗有一個流傳很久的故事，這個故事是說百丈禪師在禪堂中解說禪要的時候，常常有一個奇怪的老人跟著大家聽經。

有一天，這老人聽完法後留下來跟百丈禪師說：事實上他不是人，而是一隻野狐，他在五百年前的迦葉尊者時代，本來也是一位禪師，因為有一回弟子問他：『修行人是否會落入因果？』他回答道：『一個修行人當然不落入因果。』而被罰以五百年化為野狐身。他對這樣的結局十分的疑惑，希望百丈禪師能為他解開生命的謎底。

這時百丈禪師為了要點破他，要老人把問題再提出來向他請教，於是老人便再次問道：『大修行人還落因果否？』百丈禪師跟他說：『不昧因果。』老人聽了之後大悟起來，終於解

愛是要說抱歉的

脫野狐之身。

「不昧因果」指的是不會被因果所蒙昧，而在心中完全瞭解，完全覺照。因果法則是代表所有事實條件都是虛無，事實的產生都是虛幻的，但是人間的現實又那麼的實在，這兩者是完全不同的。一個是了知因果的緣起本是空，是虛幻，所以能夠觀空；觀照緣起的人，當然不昧於因果；一個是受到現實因果的包圍的人，也就是落於因果。

當我們跟愛侶說：『愛是不必說抱歉』時是在傳達什麼呢？是表現出我們對對方所做的一切，完全諒解、完全覺照？還是對所做的一切預先的演說？如果僅僅是對對方的精神寬容與瞭解的話，心中了然，又何必說出這樣的話？反之，如果對所有的因果現象完全忽略了，在心中強以『原諒』的概念來忽視因果的話，那真是昧於因果，也不瞭解愛情的真實。

不必說抱歉的背後心理因素可能是：『反正已經如此，抱歉有何用。』不願去正視，且心中隱隱作痛。或是『親愛的，不管你做了什麼，我都會原諒你。』不明事理，一味的溺愛。再不然就是『反正你就是這樣，說了等於白說，反正我認了。』不再涵容與投入，以忍耐與無奈來應付了事。

如此，不用說抱歉真的是愛對方嗎？因此我們要永遠抱持著歉意，這樣抱歉的心是立基在我們生命的不圓滿，所以我們

有一種謙容的心，並不意味著在心裡面有抱歉的壓力，而是對我們對於真實的情境的了知。

　　所以當我們因為自己的不圓滿而做錯事，而使某件事造成不如意的結果，這時我們可以微微的一笑，輕輕的說一聲抱歉，或許甚至不用抱歉的語言，而是以一種動作，真誠的表示我們愛的能力的不具足。

　　這樣子的表現，在不知不覺中已經將真實愛的現象向對方展現了，而會使彼此的吸引力更加增強。這種抱歉是增加愛情的力量，所以愛是要說抱歉的。

　　『愛不必說抱歉』似乎把愛當作一種僵化不變的狀況來看待處理，而不是把愛視為生生不息，可以創造、進化的。

　　若再上一層則是當愛侶因為某件事的不圓滿而抱歉時，我們必須很誠懇、很如實的接受他的道歉，因為這是對他心靈最大的安慰。而接納他時，我們才能把他抱歉的心包容到我們的心裡面，和我們的心完全的融合在一起。如此接納愛侶的抱歉才是真愛的表示。

愛與抱歉的三種形式

　　當我們講出『愛不必說抱歉』這句話時，心中如此認定，是不是已將愛侶的心意輕易的摧折了。也許有些人可以在這裡

面得到融合，也就是就當他說抱歉時已經超越了原來抱歉的本質，而進入了另一種昇華愛的方式境界。

這就像「布施」有三種不同的階層。一是懷有不斷布施的心，不斷去布施其他人。這是剛開始學習布施人的境界，心中懷有不斷給予的善良德行。在這個階段當然要給予鼓勵，使布施的人得到許多的福報，但是更深層的布施意義就是要從這裡轉換了。

第二層的意義是要能接受別人的布施。第一層布施是幫自己種福田，第二層布施幫別人種福田。當我們接受別人的布施時，並不是貪著別人布施的東西，而是幫助他建立福田，也是幫助他創造他生命的福德、生命的境界。事實上我們對於布施的物並不感到需要，可是我們可以將布施物做另外的布施啊。

但是第三層的境界是根本沒有布施的想法，也就是『無相的布施』。這使他所有的動作像風、像水、像陽光、像大地一樣，自自然然地給予。有如大地不必須調它對萬物的布施，而萬物也不必向大地強調所獲得的施予，萬物終將回歸大地。

這本來就是一種自然而完美的生命現象。同樣的，愛與抱歉也是有三種變化的形式：第一層是愛。就是我們瞭解自己的不完美，瞭解自己的能力有所缺憾，對於自己本身不完美的事實，從心中誠懇地表達。就像太陽、月亮一樣有陰晴圓缺，不

但展現了自己，同時也是接納了對方。

第二層次，抱歉是要將對方的歉意、愛語收納到我們的自心。透過這個機會和他融合在一起，造成牢不可破的連體，真實、真誠的接納對方的情感。

而第三個變化的層次，就像大地中的所有現象一樣，有陰也有陽，有陽就有陰；空間涵納著萬物，萬物美化了空間。就像筆跟筆套一樣，一枝筆有了適合的筆套，兩者結合在一起。所以兩個愛侶之間只是完全完美的融合在一起，互相的補助，這時候，抱歉已經融合成一位了，這才是達到愛的最高境界，也是完成了愛的本質。

愛情是寬容

愛不是忍耐

中國人很喜歡講『忍』。有人為恐懼而忍、有人為利益而忍、有人為可能到來的輿論而忍，為求和諧、為顧面子也是忍的原因。但大多數的人是為忍而忍，忍得莫名其妙。每次遇到挫折與衝突，第一個想到的便是忍，因為先哲們說：『忍一時之氣，保百年之身。』忍一忍就過去了嘛！不過諷刺的是留下的百年之身卻因此而受到更多的苦痛。

「忍」字是在心上放著一把刀子，誰能夠永遠的讓這把刀子刺在心頭上？那麼愛是忍耐嗎？愛是忍耐，尤其在中國文化影響下的亞洲各族甚為深刻。

而忍耐的一體兩面則是剝削女權，傷害女性。其實中國本來就是這樣狹隘的，因為當整個中央集權不斷的鞏固，一個皇帝的力量能夠掌握了官僚、文化、政治整個體系之後，就有餘力去制定一條條讓他為所欲為的文化意識形態，再加上一些

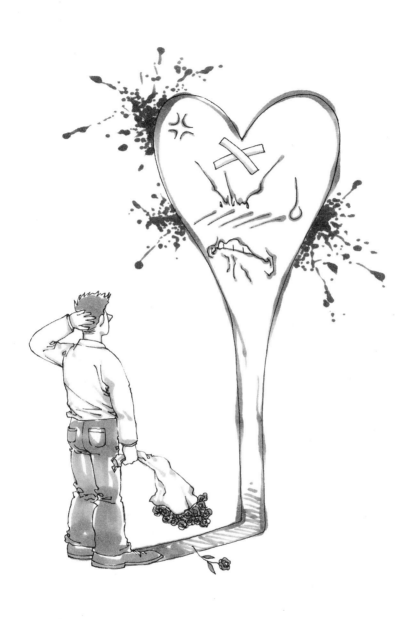

愛情不是心中不斷地忍耐

無聊文人與統治者的相互利用，當然就製造『男女七歲不同席』、『貞節牌妨』，以男性為中心，控制女性，以女性忍耐為美德的文化概念。

『忍耐』這個觀點是可怕的。我們所講的不是忍耐內涵的本質，而是這種觀念所形成的一種現象。因為這樣的規範完全抹滅了生命活潑的本質，完全抹滅了生命創造的本質，完全抹滅了愛的真實，似乎忍耐會被錯誤的困果關聯，與錯誤的概念相互糾纏，而造成更多的不幸。

在中國婦女的觀念中，常常認為生命是一種業障，而將業障視之為必須忍耐、承受的困果關係，只有承受這因果關係才能夠解決業障。所以不管丈夫是怎樣的傷害，如何的不適合，或是情人根本忽視了我們的存在，都要忍、忍、忍，有人是為了要消除業障而忍耐、有人是為了愛而忍，但是這是多麼荒謬。

許多中國婦女總是說：這是業障或是因果關係。而受到丈夫或愛侶的凌虐時，便宿命的認為只要將它了掉就好了。如此將愛定位化、宿命化、物質化了，這種因果的觀念是完全錯誤的，對業障的觀念也是完全錯誤的。

因為用這樣的困果推論的話，我們這輩子所受的這些障礙是因為過去或前世對不方對方。如再推論下去，我們上輩子凌

虐對方不正因為對方過去也在凌虐我們嗎？如此沒完沒了，要到何時？

有人會說：不管如何，我只要將上輩子的業消完了就不再受業了，這同樣是癡愚的答案。

因為如果縱容對方對我們凌虐的話，不正是增加對方的業障嗎？這正是我們不愛對方的表現，因為我們設了一個陷阱不斷讓對方誤觸，使對方的業障越來越深。而且從更深的內涵來講，這種對『業』的觀點還是有破綻的，因為我們心中不斷的忍，不發怒。

但是忍的意識中潛藏著忿怒，發怒的意識深刻的傷害我們的心，就像心字頭上一把刀一樣，它不斷的刺在我們心靈的深層，不斷的記憶在我們的內心深層，這是永不磨滅的，比外在的事實更深刻。它讓我們的心腐爛、腐壞，業障絕不是如此。

對因果的關係、對因緣、對忍耐而言，都要很清楚的以理性加以觀察，不能以一個錯誤的因果關係作為忍耐的基礎，那真是可怕。這樣的忍不是忍波羅密，而是一種壓抑。這樣的壓抑會潛藏在潛意識裡，終有一天會以另一種形式對對方施予報復。

一切現前的事實必然都是有它的原因、有因果關係的，但是面對這樣的事實，我們有時沒有能力轉換。因此千萬不要為

了錯誤的因果關係而繼續糾纏在一起，使兩人的生命造下更深的業。正確的做法應是對部分的行為我們要糾滅，如果不行，則要避開。千萬不要傻傻的立站在那兒看著巨石凌空而降說，說：『啊！我是該被砸死。』所以當巨石從天而降時，一個有智慧、瞭解因果的人便趕快離開。若避不開，那是沒有辦法。一個瞭解因果法則的人、瞭解愛的真諦的人，他會在石頭落下之前就觀察到而離開，或是讓石頭不往下掉。所以智慧之士不立於危牆之下，正是這個道理。

愛是相互的寬容

愛不是心中不斷的忍耐。忍耐的概念要落實，業報的觀念也須落實。我們必須選擇在最恰當的時機回報予我們的行為，展現出生命最偉大的光明。

所以愛不是忍耐，而是相互的關懷，當我們在忍耐的時候，就已經把生命切割了，這不是愛的真諦。愛不需要忍耐，卻需要寬容，寬容才是愛的美德。以完全開放的心靈去接納對方，去看待對方，他就是這樣一個活生生的人，有缺點但是很可愛；不要對他的缺點有忍耐的心情，我們可以提出建議，來幫助他增上，這才是愛。

縱使他在生命結構上有無法改造的慣性，假如我們真愛這

愛是相互的關懷與寬容

個人的話，就要寬容的與他分擔這樣的慣性吧！但是當我們沒有辦法接受時，這接受超過了我們心的能力時就不妨離開吧！不要為了忍耐而加深雙方的痛苦，在石頭還沒砸下之前，大家一起離開最可能受到傷害的地方。

愛絕對是寬容，不要忍耐；寬容是主體的開發，忍耐卻是主體的封閉；寬容能夠使兩者融合，忍耐卻推開了愛的雙方。

愛，是要超越，不是站在對方身上。

愛情的光明坦途

　　許多年輕的男女總是對愛情有許多的憧憬，甚至在心理還未成熟之時就學習了愛情的外貌，而這些都是由愛情的外相瞭解。

愛情不是煩惱

　　在資訊爆炸現代社會裡，一般人從社會上所學習到的愛情觀點往往不正確，甚至是病態的。不正確的愛情觀念被製造出來，文字與形像裡雜染著各種意識形態與偏頗的誤導，並在娛體上大肆傳播，一點一滴滲入人們心中，造成巨大的影響，影響所及，人們把無能處理的（諸如痛苦、挫折、撕裂、激情後的極度空虛。）漸漸視為理所當然，並以之為愛情的指標，我們總稱之為『煩惱的心』。以至於一般人總認為愛是一種煩惱的心，是一種病態的美，似乎不煩惱就不是愛了。

　　好比詩人為賦新辭強說愁，人們在熱戀的當時總說：『雖然愛帶來煩惱，但愛原本就使人煩惱，我不在乎，我只要愛的

那種感覺。』殊不知煩惱不是愛的化身，而是愛的病態。

為愛情而煩惱，常常僅是一個全然沒辦法掌握愛的真實的人，所相互施展的操縱手段，然而操控者並不自知，就好比在科技和廣告的包裝下，人們大口大口的喝著井水做的『礦泉水』，因為人們被訓練成相信科技和廣告。

煩惱帶給人不愉快，帶給人痛苦。你會希望你的愛人永遠帶著煩惱？當你的愛人永遠在煩惱，困擾於其中時，不正表現出本身愛的能力的不足，患了愛無能嗎？

愛的力量不足，智慧不足，才不能夠捉住煩惱去拒絕它。煩惱正是愛情的殺手，你會願意和你的愛人在一起時不是快快樂樂，而是煩煩惱惱？用不斷的煩惱來扭曲自己？若在我們的人生中，所有的一切都用煩惱表現，這真是一場大笑話，一場文化的荒謬劇，以病態為美的標準典型。就好比許多文人老愛把自己搞得病懨懨的，並以之為文人的標誌一樣，惹來百無一用是文人的訕笑。

愛情是快快樂樂的，是在當下彼此的信任。不要被小說所迷矇，不要被連續劇所限制，不要被他們所欺騙，只有自己的生命才是愛情。愛情是讓自己的生命得到更大的快樂，更大的滿足，也是讓自己的生命得到更大的價值，來創造他人與自己更大的生命力量；是讓我們的生命進化、不斷創生，讓我們生

愛情是讓自己生命得到更大的快樂與價值

命境界不斷提升的偉大力量。

　　這個力量，這個使自己站到自己肩上的力量，絕不是煩惱。煩惱造成我們的退化與退墮，造成我們的腦力糾纏成結，使我們記憶力衰退、造成我們反應的遲緩、造成我們身體器官的衰竭、造成對我們事業的傷害、造成家庭和人際關係的不圓滿，這不是愛所要達成的目的。

　　如果愛神與病神、死神、魔鬼相同，這觀點大家一定不同意。愛神是可愛的、活潑的，是讓我們喜悅的。偶爾會做錯事，但是天真無瑕，愛情讓我們的生命感到生生不息，讓我們感覺到充滿生命的力量，讓我們感受到每一天活得好充實，愛讓我們走上愛情的光明坦途。

愛情是無悔

　　真愛絕對是生命完整的自我負責的投入，所以真愛是不必然要對方付出代價，也不必然要向對方有所要求，所以這樣的生命投入真愛，是完全無怨無悔、成熟自主的生命。

　　一個成熟獨立的生命投入真愛，如果對方也是如此成熟獨立的生命的話，真愛的光明一定能在彼此之間更輝煌，愛的力量更增長。或許對方不是這樣的生命，但具有真愛的一方，會在真愛的廣大包容性中，提供對方生命一條坦蕩的大道，趨入真愛的大道，讓光明的內涵浸融彼此。

　　雖然這必須要有一些時間，也或許不會成功，但是我們要瞭解到：對生命而言，真愛的愛得之是應該的，不能得之則是緣起啊！這是因緣不足所導致，而在真愛的實踐過程中，它產生變化也是無常的事實！

　　所以不必怨天尤人，而是可以在真愛當中去自我消融，從中間汲取種種的變化而體會成長，使自己更加圓滿。而且在真愛的當下，他自己已經是具足了一切，所以這個當下對於過去

未來是沒有要求的，也沒有比較的，所以即使在客觀的現實中，兩個人無法再繼續實踐真愛時，具有真愛認識與能力的人，不但不會斷絕他自己真愛的能力，也一定不會踐踏詆毀過去種種，因為真愛的圓滿已呈現在當下了，所以他也不需要有任何的悔恨！

如果他還有悔恨產生的話，那也就代表他自己宣佈他自己是真愛能力失敗者，甚至是沒有真愛能力的人！他不但還沒有體會到真實的愛情，連他自己是否是一個完全獨立的生命也是有問題的！所以只有無悔才能夠彰顯真愛的特色！

為愛情負責

有人會為了愛甚至犧牲生命，完全的付出，不計後果的為對方做任何事，或許對方並不愛你，可是你照樣也甘願為對方付出，這與真愛是無悔的有無差異？

所謂的無悔是說：你是個獨立個體，你對於你所做所為完全清楚，你是在清明的智慧中抉擇的，如此一來，不管對方是不是愛你了，或者是變質了，你都不會為對方所做的事情而感覺到悔恨。一般人為對方做一些事犧牲一些，基本上都會在內心裡有所要求與期望的，期望對方付出什麼，或者等待對方看他一眼，理會他一次等等，這都是期望與要求的心情。如果對

愛情是為他所愛負責，而不是盲目的

方一直沒有回應，一等再等，一回二回，他一定終究會失望而且很痛苦，否則就是憤怒而去報復了！

所以在這裡所說的無悔，是一個人為他所愛來負責，不是盲目的，而是清醒的。所以如果你的情人要你去做為害社會的事，而你去做了，這是違反愛的本質，因為愛是無害的，沒有暴力的，而你卻說是為了他去殺人放火，這根本只是在愛你自己而已！或者你只是愚癡而已，是被愚弄了！

所以說為愛走天涯，什麼亡命鴛鴦、雌雄大盜等等，這些根本談不上愛，只能說是沒有後悔而已，但是他們真的沒有後悔嗎？大部分都不是的，他們只是無奈、認命、就這樣子了的心態。所以根本連愛都談不上，又何況談到真愛呢？

我一向的看法是：愛只有在當下才叫做真愛，因為只有當下才是真實的感覺，所以唯一佔有性只是時間序列的問題了！我們當然可以唯一佔有一個人，例如像一對夫妻之間，我們可以唯一佔有對方，但是不是在心態上唯一佔有對方，唯有怎樣的情況下才能唯一佔有對方呢？

那就是在無常中，每一當下都是完全的愛、完全的愛、完全的愛，這樣每一當下都沒有雜質，都是真愛，不斷不斷的串連起來，這叫做唯一佔有性。

如果是早先就固定要求有連續的唯一佔有性，那愛如果跟

早先的不一樣的愛，必然動搖了你事先預設的標準，而有變質的情形產生，這種在比較中計算的愛，絕對無法達到真愛。

愛是一種學習

有人說：『衝冠一怒為紅顏』，這不叫愛，這是他愛他自己心中的女子。這樣的行為已經違反愛的本質，那裡還談得上什麼愛呢？

所以愛的認定，需要是非暴力，有真善美的特質，真誠的、良善的！這樣才叫做愛！有了這些本質的認定之外，才能確認如何去愛，培養愛的能力。

或許這樣要求愛是嚴格了一些，但是我們把愛當成是一種學習，我現在無法具備愛的特質，但是我要去學習這種真愛！學習愛的能力，但是絕對不是去增長唯一佔有性啊！你唯一佔有什麼？心靈嗎？他的心靈是你永遠無法佔有的。肉體嗎？如果想佔有肉體，那算什麼愛！

對方是獨立自由的個體，兩人真愛以後就完全排掉外在的一切，這是不對的，兩者結合以後，他們就完全接納外在的一切，這才是對！

他們接納一切，讓每一個人都完全感受到他們愛的真諦，他們是自自然然的結合成H0，穩定、平衡、圓滿的存在，這樣

來彰顯他們彼此互相的力量，而不是另外有排外的力量來顯現他們的真愛，真愛就是真愛，是宇宙法界中獨一的，但絕對不是從彼此心中的鞏固要求、排斥他人之下而來的！

對愛情真誠

真愛是「沒有希望的」，這句話並不是像一般的理解。由於真愛是當下的展現，所以我們不必期望未來，不必去斤斤計較它未來是否符合自己的期望，常常當愛不符合我們的期望時，必然會產生很大的痛苦！

痛苦並不是真愛的內容，所以這種造成痛苦結果的期待，是真愛之外的東西！所以我們才說真愛是沒有希望的、沒有期望的。

當我們內心清明、完全了知時，安住在真愛的人，他能夠完全了知這樣的愛，當然是會愈來愈圓滿、愈來愈有希望的，但是這種瞭解，並不會變成他內心強烈的要求、期望，而使他的心力落入一種緊張，落入一種患得患失的心情。

但是我們要瞭解，真愛的展現是必然能在時空下留下永遠的痕跡，這種痕跡並不是因我們期望而來的，它是自自然然的產生！

因為以我們對真愛是無常這樣的瞭解，以及對周遭緣起的

將愛情當成一種學習

瞭解，我們不要讓患得患失雜入真愛裡，而使真實的愛變質！所以對愛情的真誠，對愛情永遠祝福是需要的，但是它不應該成為你患得患失的理由，因為唯有內心真實的面對，完整的投入，才會使真愛永恆！

愛情是涵容對方

在真愛的能力的培養中，要注意到「涵容」與「要求」，這兩者其實是一體的。一個追求真愛能力的人，這兩者是要具備的。

涵容與要求看起來似乎是衝突的，其實不然！因為我們愛對方，愛情是要涵容對方的，看待對方是一活生生的生命來接納，而把兩人創造的愛情看作活生生的生命來培養，所以在這裡有完全的涵容。

以喜悅的方式幫助對方成長

但是為了愛情，我們希望彼此都能成長，不僅自我要成長也要幫助對方成長，如果對方不能接受的話，我們應該思索，如何用他最喜悅的方式來幫助對方成長，這就是要求。

但是這種要求是要用對方喜悅的方式、尊重對方成長的方向來做。而不是強力要求、暴力咒罵等違反真愛原則的方式來施行。

所以對方在某些地方如果不符合真愛的要求時，我們要用智慧來消弭掉真愛的障礙。

　　比如說他太孩子氣了，我們就要用智慧來讓這種孩子氣轉成天真可愛，但是要記得，不要很霸道的想把這孩子氣斬掉，或是硬生生的要把他變成完全成熟，如果是這樣的處理方式，可以說你已經不愛他了，因為你還是只愛自己心目中的那個人，要求對方符合自己心目中的樣。

　　每個人的特性、個性，其實都有他的正面的價值，但是如果運用不當就常會只展露出負面的部分，所以如果你是具有真愛能力的人，在這時候就要把這種孩子氣轉化成天真可愛，讓他原本孩子氣特質的負面因素消融，而全部轉化成正面的能量，讓他這種特質的正面部分更強更完美，這樣才是最圓滿的方式！這跟完全抹殺對方的特質的方法是不一樣的。

　　如果你能夠做到如此程度，正代表你能完全投入他、瞭解他，他的喜怒哀樂就是你的喜怒哀樂，而你不僅相應於他的情緒去感受，更能體會他情緒背後的心靈，以及共同將這些情緒導引到更光明的生命、更寬廣的真愛。

　　而自己也要這樣的開放給對方進入你的心靈，讓對方也能完完全全的投入瞭解你！這兩者之間互相的開放、互相的成長，這叫做完全的包容對方、投入對方，而使彼此的光明得到

愛情是尊重雙方與相互的成長

長養！互相生命愛的能力增加了，也會愈來愈愛對方了！

涵容與要求是個非常開放的生命觀，能夠如此的人是有內在全然的自性，對愛有真實的追求，愛的光明可以完全進入他心中，漸漸去除他內心陰暗的角落，也能對生命向上的美有所深入，而能完全的瞭解對方、使善的更加增善，不夠完美的部分更趨於完美、轉化成圓滿。

要求對方更好，這個更好是怎樣的一個內容？

要求對方有時候會被人用來作壓迫對方的理由，這種要求是因為他自己內心的不完美所造成的，當然也有是真正美善的要求。

同樣前面舉的例子，認為對方太孩子氣了。這時候要先冷靜下來思考。思考這種感受是否是因為：我們自己不成熟而希求成熟所造成的，或是我們心中設下一種固定的成熟影像，而對方不符合這樣的要求。這些都是從自身作為出發點的、是從自我的要求下去投射對方，這都是我執的表現，也就不是真愛的要求了！這樣的思考是很深層很細密的。

如果你思考之後，認為確實是對方有這種缺點，（或許此時因你自我反省的能力不足，所以即使做了思考，也還有我執的因素存在而不自知。

深刻的反省是需要漸漸成長的，或許不夠，但是最重要的

是有這種反省的自覺。）我們的要求也是真實的，這時候我們開始投入對方，依對方所喜歡、能夠接受的方式來要求對方，這是相當重要！

這是很細密、深刻的功夫，也是檢測你是否已經完全投入他、完全瞭解他、是否真正的愛他。還是你愛他只是為了自己心中的感覺、影像，為了自我的滿足？

一個真正愛對方的人，會瞭解對方的個性。有些人是希望你直接告訴他，他希望你扮演一個權威的角色來教導他，這時候你就能感受到而用這種角色來面對他。

但是千萬不要面對第一個女友或男友的方式，而以同樣的方式面對第二個女友或男友，這方式就受限於自己的經驗了。

應該是把心開放，每一個當下都是新的經驗，先去感受對方的需要與情緒，然後再用相感相應的角色去配合融合為一體。而同樣一個人在不同的時空因緣下，所需要的角色與相應又是不同的。

一些黑社會老大的妻子、情婦，她們常有很大的包容力，包容對方的種種，即使對方為社會所唾棄，這些女子照樣的願意跟他們在一起。或許這些女子，也曾勸誡過他不要再做壞事，可是常常悲劇依然發生，她們的命運、愛情並沒有因她們的包容與尊重而得到好的結果？

其實在愛的能力培養的過程中，或多或少會因為各種因緣的不具足，而破壞掉愈光明愈真善的結果。

理論上來說，如果真正具足愛的能力、體證真愛的人，他便能建設、創造出良好的因緣條件，而使實踐後的成果與真愛的付出相合。但是在不斷地學習真愛的過程中，各類千變萬化的因緣並不是我們能輕易去掌握的，所以並沒有辦法必然的保證結果一定是美好的！但是一定是真善美的光明趨向。

有名的烈士林覺民，他的〈與妻訣別書〉，以結果來論也並不圓滿，可是他們的愛情是動人的、深刻的、光明的，也充滿著大愛的光輝。他們的愛情在結果上之所以這樣的展現，他在那個大環境下抉擇他認為最有價值的，把他們彼此的真愛，化成更大的更深的大愛。

而我們現在已經沒有那種因緣情境！也就沒有他那種愛的抉擇與結果。換句話說，結果會成為如何，變數是很大的，所以有時結果並不足以代表真愛的本身！

黑社會老大的妻子、情婦，她們一直規勸這位大哥大，希望他能改頭換面重新向善，好好做人，可是仍然無效。其實在這當中，她應該已經有了抉擇了，如果她願意繼續留在他身邊、仍然愛他，她自己就要有所心理準備了！準備接受所有可能的後果。但是很多女孩子卻受限於傳統的嫁雞隨雞、嫁狗隨

愛情是以愛的光明除去心中的陰暗

狗的觀念，就採取認命、過一天算一天的苟且，她也無能力勸止對方，也無能力離開他，卻對這種情況感到痛苦、矛盾、不安，就這樣生活在各種夾縫裡。

有些情況是女孩子本身已經有所抉擇，而且跟著這位老大，一起加入黑社會共同犯罪，他們這樣的結合反而更加彼此更加暴力，這就已經違反真愛的內容了，這種愛的結合就不是真愛，所以也就談不上愛的包容與無悔，甚至在真愛上都不將之列入討論！

如果真正瞭解自己是愛他的，而且不願離開他，但是任何對他的規勸都無效了，這時候是真的需要用無悔的心情來面對以後所有的事實了！

涵容與要求，不一定就能達到圓滿的事實結果。不過，真愛是永遠往光明、圓滿、世間福善的方向趨近，雖然跟世間幸福美滿的生活不必然同等。

那為什麼要實踐真愛呢？那就要回歸到真愛本身來說，因為在真愛的學習中，人類展現出往喜悅、光明之路的自主性努力，使真愛提升彼此精神層次，使之更高明更充滿希望！

專注與寧靜的愛情力量

　　許多人為了表示愛，而運用很嘈雜的方式，例如：狂歡、痛飲、高度興奮等等，我們並不是反對這樣的方式，因為這種也是一種生命熱力的發揮，用來傳達彼此的感覺喜悅，但是如果要有一種更細緻更深刻的愛情，使愛情的能力更恆常的話，就要使生命更專注更寧靜才能做到！也就是隨時隨地讓愛情往深層的方向發展，像根一樣往更深層更幽微的地底去發展一樣，到達穩若磐石的境地，任何的暴風打擊下，都無法擊倒它。

　　這種愛根的深層穩固，在一般小風小雨中，無法看出有什麼特別之處，只有在大風大浪中，才能見到它根深蒂固的特色，這全歸功於他們在最細微的地方，有更專注更寧靜的愛情力量！也因為這種專注與寧靜的力量，使得他們彼此能看到對方更細微更底層的心靈。

　　如果擁有專注、寧靜的力量，對方的一舉一動、小行細為、委屈難明的需要，你都能深深的體會與感應到。當你的情

人要站起來的時候，你已經不知不覺地把他的手牽了起來了！你這種微小的動作讓她感覺到你在關懷她他，一個微小的生理動作讓她心靈得到滿足，在她的潛意識當中，你們愛情的會更溫暖、更加融合。你要能體會到這麼細微、精深的心靈，就必須要專注與寧靜！

這種微細的感受，可以微細到一個小動作、一個嘴角的牽動、一個淺淺的笑容、一個細胞的跳動、一個毛孔的開合，都能夠使愛情更加增長！專注與寧靜是讓我們的心靈如一面鏡子一樣，關注對方，增長愛的能力的重要根源。

專注與寧靜具足有兩個能力，一個是心靈的主動力量，一個是心靈的關照力量。我們要得到專注跟寧靜，就要使我們的心不隨波逐流，隨時隨地安住在自己的本心，也就是我們的意識不被周遭的環境隨時動搖，如此便能夠主動、準確的參與並改變環境！也就是有了主動和關照的心靈力量，這並非生硬的理智，或者是單純的冷靜，這種愛的專注能力、寧靜能力，是很柔軟的！心不受外面動搖時，心的主體是充滿著柔韌，充滿著愛的力量的心，是欣欣向榮、生生不息的心，但是，卻是最細微最深刻的感情！

因為心的平靜，使得心成為溫暖的活泉，周圍的風霜雪雨也不會有所侵動它，深刻的安住在深層的歡喜、深層地愛著對

專注與寧靜增長愛的能力

方、關心對方的心，而在這裡產生愛情的穩定力！

　　這種專注不是冷眼旁觀地去穿透對方、看透對方、批評對方，這種安住是自我參與自我，讓自己生命的根本不會發生動搖！

　　這種專注在關照對方時，已經不是冰冷的雙眼，而是充滿感情的眼睛。所以看到對方的需要，也參與對方。

　　心境很能寧靜很能聽到細微的意象，很能體會對方細微的波動、心的聲音，產生了共感，在這當下他知道了他的需要，於是很柔軟的關照對方、參與對方，提供給對方所有他的需要，使他心裡面更喜悅，對方喜悅的心靈回饋回來給你，於是你也更喜悅了！愛的能力在這裡得到增長，真愛也就更加圓滿！

愛情是柔軟的關照對方，相互間得到愛的喜悅

信心無畏的愛情

　　真愛的人是充滿自信的，沒有任何畏懼的，因為真愛裡是無常、無悔、無相、無怨，是生命蓬勃的生機，所以沒有畏懼！也所以他的生命可以全心的放心，全心的投入，所以從心到身都可以是放鬆的。

　　生命如同水銀瀉地：粒粒成圓，能夠滲入到所愛的人的心之每一處，所以也能進入最深層最深層的部分！不只是你泥中有我，我泥中有你而已，而是以水投入水，兩杯純淨的水，融合糅合在一起，而產生無窮的共感，這生命的力量將加倍的成長。全心全意的放下，從心到身都放鬆，心靈健康了，身體也增強了！他們與環境相應的力量增加，這兩個生命結合在一起展現出風清光明的情境，生命的力量也急速的倍增，這種生命是可觀的！

　　所以一個具有真愛的能力的人，他在人間的表現，一定會比一個單一的人更有特色。所以用自信、用柔軟、用放鬆來使整個生命全面全心的放下、放在愛中，把身心全部放在愛中，

我們愛的能力突然之間就茁狀成長，有了根基！

　　愛與生命就完全結合在一起，愛的能力就寬廣、深沉，就會變成全面向的愛，這時候你們兩人真愛的力量，就逐漸擴展，擴展到兩人以外的世界、遍及一切，這樣的愛，就接近了我們所要求的真愛，愛的能力也已經十分的偉大了！

愛情的返照力量

　　這時候再回歸愛情的本質的問題，因為有些人在愛的擴增當中，產生了驕傲、產生了浮華，常常在愛情中受到肯定時，感覺到自己很偉大。

　　事實上這時候他們已經開始離開了愛惜！所以這時正是需要有迴光返照的覺照力，重新再鍛鍊你的愛情！所以愛的能力是不斷不斷的層級參差向上。不斷地檢討，再重新調整愛的能力，愛的本質。就像嬰兒看著周遭的事物一樣，是那麼真誠的看著，充滿著喜悅、希望，但是他裡面仍有人性的一種貪婪。

　　所以到達某種愛的能力時，要自省這愛是否是純淨的、代表全然的善，是讓我的生命成長，也讓對方的生命成長，使兩個生命不斷地相互運作，就像兩面鏡子一樣，光明互相輝映，具足全然的至善！具足完滿、使兩人嚐到美麗的果實，也讓周圍的人也感受到美麗的兩個生命！

從生命的全面放下，到迴光返照，這樣不斷的以真善美來檢驗我們的愛，這時候我們在每一個當下裡都具有全面真愛，這全面的真愛不啟動，也不破滅，也不變化，在每一個當下都有全面的愛情，愛在這當中不斷地貫穿，這才叫做真實的愛，情才是真實的永恆的。

具足完全愛的能力

這樣的愛不只是兩個人心中的愛，而是可以把兩個人的愛轉化擴展到遍於一切，在遍於一切的過程裡，是依於因緣的形式不同而擴展開來。

這是愛的能力的更大發揮，亦可說愛的能力有了更深一層的質變，這種質變更具足完全愛的能力，它不僅不局限在兩人的愛當中，而像太陽光，照到鏡子反射鏡子的光芒，照到石頭反射出石特特有的景象，照到樹產生光合作用，就這樣同樣的陽光，但是這種愛的輻射照耀下，會依所照耀者的需要，而產生各種作用、光彩，接受到這種愛的能量。

一個有完全愛的能力的人，他做為一個父母，就有父母對子女完全愛的能力；做一個兄長，就有對弟妹完全愛的能力；扮演老師、學生、子女、親朋，甚至對國家、社會、宇宙、法界等等一切，都能發揮愛的全面輻射，就如同『親親而仁民，

愛的能力擴增，可以使生命達到最終的圓滿境界

仁民而愛物』的胸懷一樣。他愛的各類輻射是由因緣來的，其實他的內心愛的根源是『無緣的大慈大悲』。所以無緣的大慈大悲才是完全真正愛的能力的圓滿，對於一切能夠完全沒有時間空間隔的給予愛、投入愛。

所以愛的能力的增長是生命完全向上、生命完美的過程，所以愛的能力的成長也就宛如修行的路一般，在愛的路上不斷地努力精進，使愛的能力不斷地培養完備，從相愛的雙方把這樣的課題完全圓滿之後，這兩個獨立的個體就完全混合為一，這時這種混合為一的力量，可以擴大到一切，依世間的種種緣起事實，而不斷地擴大變化。

這樣的愛的能力擴增，是可以使我們的生命達到最終的圓滿境界！

第五章

・愛情的倫理密碼・

愛情新倫理

　　當我們擴大了愛情的視野，可能必須面對更廣大、更綿延的愛情新倫理觀點。這種愛情的倫理觀點，其實本來就存在於整個原始社會當中，但是當人類的文明逐漸發展，以當世為中心的生命觀，則不斷的掙離了它主要的位置。

　　由於人類文明的進化，確認了整個人際、人間的倫理，逐漸的我們似乎忘記了倫理關係有它可能的其他範疇。

　　當世的生命觀認為前世與來生是無關的。對過去、未來一無所知。所有的因果關係、所有的生命問題，都在這輩子解決。認為我們的生命只有當世的設定，以感觀為實，眼見為憑，是一個十分經驗論的生命觀、一個平面的生命觀，而不是一個立體的生命觀。因為他不曉得人類的細胞中都有著四十億年來生命演化的殘留、四十億年集體宇宙潛意識的痕跡，以及一百五十億年至兩百億年的宇宙發展史的紀錄，基本上人類沒有這樣的瞭解。

　　當然，以當世為中心的觀念對人類的發展是有必要的。因

為人類文明的發展必須先把許多的牽葛切斷，把許多的無限假設化約掉。宇宙是一個或然的世界，或然是指世界有一個走向，但每一個時代的生命意念都會參與這個時代的運作，所以並沒有一個絕對的軌跡，或絕對化的度量衡，而是依條件而緣起的。

所有的度量衡都是相對的。如果要使一個個體生命和集體生命以及整個宇宙產生一個介體性的運作時，由於我們本身沒有辦法有全知的力量，就必須斷章取義，作很大化約，建立運作的模式。『車同軌、書同文』，本身是犧牲了某些生命的自由度來換取的。尺度的統一就是依我們所感觀的世界而統一化了，但是次原子世界和整個大宇宙有其內在的統一性，這內在的統一形式是不統一的，統一形式的整個基本架構是對初始條件的深刻依賴，也就是佛教講的『緣起』。

但是問題在我們的感官世界裡無法運作，所以必須建造一個共同的尺度，統一的結果才造成我們溝通的可能，才有一個集體的安全與發展。

但這集體的發展是和我們生命的發展背離的，所以才會有夢境的產生，幻境不斷增加，因為自我受到了壓抑。

我們已經受到我們所共同制定的集體規範制約，牽著鼻子走了。這強大的力量已然成為另一個存在的集體，控制所有資

源，因此我們都要戴著面具，一旦面具除掉，就可能被棄絕，而無法生存。

倫理——就是這個框框的其中的一個。

生命的本能趨動只要存在，就會促使生命找尋對象，作不斷自我複製。生命本能的多方向擴大化就是一個民族的文化。文化也是一樣，作不斷的相互融合與自我複製。一個生命在複製的過程中，一旦生存的問題不再是問題時，倫理便出現了，而倫理的累世演變過程中逐漸偏離了生存的主位，且造成了現世的人倫樣貌。

因此，由現世的生命觀所造就的人倫必然要和生命本能衝突了，其中並無道不道德，扣上道德的價值才是不道德，我們應該學會『不善不惡，只注意看。』

思考未來的新倫理

　　自古至今，我們可以從很多的例子發現：人類的生存的確有許多的情結，而這些情結使得在人倫體系中的兩個人不斷的與倫理相衝突，也許我們可以從一些故事中找尋答案。

伊底帕斯之死

　　伊底帕斯王是我們所熟悉的希臘三大悲劇之一。伊底帕斯本是帖帕國王子，因神諭將來會殺父，被棄於荒野，但被家臣所救，在歌林斯國長大成人。但神諭告訴他：「不可回故里，你會殺了父親，娶了母親。」於是他朝歌林斯國的反方向——帖帕國前進，以避災難。但宿命的安排終難抵擋，他回到了出生地，在一場爭執中殺害了生父，並因殺死怪獸，被擁立為王——帖帕王，而娶母親為妻。

　　伊底帕斯即位後，厲疫流行，怪事不斷發生，於是他詢問神意，神說：「殺害先王，干犯人倫大忌的人在帕帖國，搜出此人並流放國外，否則神怒絕不停止。」於是伊底帕斯展開調

查，赫然發現那人就是自己，於是自殘雙目，流放他國。

後來佛洛伊德更從中創造了『伊底帕斯情結』這個名詞，意即人們在無法察覺的潛意識中有憎恨父親、愛戀母親的心理傾向，也就是『戀母情結』（Oedipus complex）。同樣的也就有『戀父情緒』（Electra complex）。這在希臘神話中的愛蕾翠（Electra）身上也得到印證。但與其說這是一人倫的悲劇，例不如更深刻的說它是我們人類心靈中殘存的基本情結。也就是說生命之所以變成男或變成女是來自這樣一個殘存的情結——人們在意識體投胎之前，便因對父母的喜好或憎惡而決定成為男或女，但出生之後卻自動潛藏了。

蓮花色的故事

類似的狀況在佛教也出現過，這是一個真實的故事，也就是在佛陀時代的蓮花色比丘尼。這位比丘尼在未出家之前本是王舍城的人，後來嫁給了禪域國的人。他們在結婚之後生下了一個女兒，她卻發現丈夫與她的母親私通因而傷心地離開了家庭，到了波羅奈城另外嫁給一位長者。

後來這位長者到禪域國經商又娶了一位少女回國，而這位少女竟是自己與前夫生下的女兒。

蓮花色感覺到命運的悲涼，從前與母親共事一夫，現在卻

又與女兒糾纏不清，所以她自暴自棄，到了毗色尼城過著淫女的生活，後來聽了目犍連的說法而皈依佛教並證得阿羅漢。

這兩個故事在本質上是一樣的，都是父子、母女之間所共同糾纏的人倫悲劇。他們都觸犯了亂倫禁忌，也同樣地遭到可怕的痛苦。他們迷茫、無助，外界的壓力和內心的衝突同樣使他們無法承受。

如果愛人變女兒

而在莫泊桑的短篇小說〈喬斯卡特先生〉（M. Jocaste）中更將這種內心的衝突顯像出來。故事始於一位十六歲的女郎被迫嫁給一個上了年紀的冷酷男人，感情無所託付，於是兩年後便與一名青年熱戀並懷了孕。她不能確定到底是誰的孩子，不過她想一定是愛人的孩子。

後來她被一種莫名的恐懼所困，認為自己會難產而死。隨著日子一天一天到來她也一天比一天激動，果然在產下一名女嬰後就死了。主角比埃爾‧馬特爾帶著一種恐懼的絕望離開了，久而久之也就淡忘了。他一直沒有再戀愛、結婚，但是他變成了一位富翁。

一天，他透過一名不相干的人知道他的情敵已經死了。他有一點後悔與茫然，他知道女兒很窮，想見見她，給她一點幫

助，於是他到女兒唯一的親戚那兒去。

他的名字沒有勾起人們的一絲回憶，沒有人知道他們的關係，他被遺忘了。當女兒出現時，他又驚訝又恐懼，不禁顫抖了起來。眼前的人和他死去的愛人長得一模一樣，不論長相、眼睛、髮色、身體、笑容和聲音都完全和女郎一樣。由於產生極嚴重的錯覺，他一陣茫然，接著，過去的熱戀又沸騰起來。

從此以後他陷入一種迷茫的絕望之中，遇到前所未有的困擾。如今在他心裡，死去的女人和活著的女人已化為一體，他已經忘了距離、過去的歲月和死亡。經常在活著的人身上去愛死去的人；想著死去的人愛著活著的人，而且他已經否定他是自己的女兒，他已不想再去知道或懷疑。

對自己這種應該憎恨的、同時也是甜蜜的大罪過，使他感到莫可奈何。他受到了痛苦的折磨，欲望使他痛苦，但他是這樣的深愛著她……

這些痛苦不僅僅是故事中人物的痛苦，而是我們所有人類的痛苦與迷茫。我們是要學馬特爾對自己催眠，強迫自己忘掉『禁忌』這一件事？還是加以接受並試著去處理這樣一個關係？這便是我們人類的生存情結。從這裡，我們便可以開展愛的視野，重新面對生命輪轉的事實，並思考未來的新倫理。

火之鳥──共同的母親

在日本漫畫之神手塚治蟲的經典之作《火之鳥》中，描寫未來的宇宙世紀，人類能夠在綿延的太空中開始旅行的時候，一對夫妻購買了外太空的星球，乘著太空船到達那個地方。卻發覺那裡是一個荒涼、人煙絕跡的一個古星，但所乘坐的太空船再無法啟動回程了，又因為一些錯綜難解的緣由使他們必須長留古星。

在古星上，這對夫妻努力的生活，並生下了兒子，但莫名的原因使妻子連續生下的幾胎都是男孩，無法生出女兒來。接下來更可悲的事情發生了，這位丈夫因意外而喪失了人道的能力，也就是再也無法和妻子生育了。面臨這樣的狀況，無疑是要讓他們在星球上絕滅，於是在無可奈何的情況下，只有選擇將他的妻子冰凍起來，以長保生命。丈夫則獨力扶養兒子們長大，等到兒子們都長成了，再使妻子復生與他們共同生活，生下子嗣。

儘管如此，不斷生下的仍是男孩。可憐這母親只好再進入冰凍，此後為了後代的繁衍不斷的冰凍、解凍，與子子孫孫共同生活，成為『共同的母親』。

在我們看來，這簡直是不可思議的、荒謬的。但我們想想，假若未來太空旅行的時代真的來臨，而我們恰巧降生在一

個不可得處的孤星時，這樣的狀況是不是可能發生？在這種狀況下我們的人倫是不是就面臨到一個應否改變的挑戰？碰觸到『亂倫禁忌』的人倫大忌是不是就必須像尹底帕斯一樣受到毀滅性的懲罰？因此我們必須來重新正視新的倫理，當然這些新倫理在現在是不可能去實踐的，但我認為面對整個人類廣遠未來的生命，或者對人類抱著無遠弗屆的希望的人必須要去思索。

在現有時空因緣的條件下，我們必須接納現有世間的一切並以為規則，心中卻應開放地思考；也就是說，我們一方面要接納現有人倫的一切，一方面則必須同情在不可超越的環境當中，當延續生命變成一個族群的最大道德時所做的一切，並反觀自己將如何自處。

人間倫理的遊戲規則

　　假如有一天你的情人像馬特爾一樣變成了女兒，或變成了你的父母親，你的子女、甚或是伯叔、姑姑等近親家屬。這些錯綜複雜的關係，我們將如何去面對？這樣的狀況會不會造成我們人間倫理的困局呢？如果造成了，要如何跳脫？超越呢？

　　就整個生命發展過程而言，其第一要義是要保護自我的生存，使自我的生命不斷複製，得到綿延。這生命的密碼是我們生命內層最具有支配性的力量，在親屬倫理關係尚未建立的原始情境當中，最大的倫理就是生命的延續。

　　在這樣的情境當中，近親交配並不被視為當然的禁忌，但是經過人類社會的不斷演進之後，生命的維持達到了基本的需求，隨之而來的便是一個人間組織的建立。

　　而在組織化的過程中便產生了『群』的觀念，從這個群的概念裡頭再發展出新的倫理觀。換言之，倫理觀是發展人類組織的重要基石。在這樣的新倫理觀裡，基於自然的發展與近親交配所可能衍生的危害（包括對心理的和諧與生理的健全），

漸漸的我們有人間倫理關係的出現。但這樣的倫理關係在初期並沒有那麼內化到我們的心靈裡面，所以對倫理關係的違逆並不會是多麼嚴重的事端。

在認知的慣性裡面，我們現在認為深惡棄絕不可原諒的行為，在最原始的時代還是會發生，卻沒有受到這樣的譴責。這些包括近親之間的關係，乃至於兩代間的複雜關係，任何時代都不斷發生。

而就心靈的內層而言，在原始人類的社會當中，我們有很本能性的力量。愈原始的人對本能的力量展現愈強，在那樣的社會中，對整個人間倫理的需求並沒有那麼強烈時，不需要去遮蓋住整個生命轉世的必然過程。

我們知道我們過去是什麼，現在是什麼，並不會干擾現實的生活。但是當人間倫理開始產生運作時，這人間倫理的遊戲規則已經確定了，是不可能顛覆的。

如果我們心中還保有整個了知生命流轉的意識，會將過去的我投諸在現在的我，其間並沒有轉換時空關係，而是在同樣的時空裡面，這時會產生很大的倫理危機，這時唯一能做的，就是在這樣的心靈當中設下限制。

我們對自我心靈設下一個難以突破的心靈限制，讓我們不知道我們的過去，讓我們從有隔因之謎的幼小生命重新活過，

讓細胞中隔因之謎的自我設限，使我們完成了人倫，使得在每一生的轉世當中都重新開始我們的人際關係與過去切割。

這種狀況似乎在生命能力上有所限制，但是為了整個人類的進化卻是必須的，只有這樣做才能夠讓我們的社會進步，整個組織維持在一定的規範當中運作。

假設有些人還留存著他本能的力量，保有生命之流的意識，就是佛經中所謂道德的宿命通，但卻沒有一種偉大的心靈道德，或是偉大的智慧與定力的話，就可能成為他現世生活裡的許多干擾。他會像馬特爾一樣『……忘了過去的歲月和死亡，經常在活著的人身上愛死去的人，也想著死去的人愛著活著的人……』無能處理過去和現在的種種，這種本能反而是傷害他自身使自己崩潰的最大力量。

所以在我們沒有足夠能力的時候，太敏銳的感官會因為自我防護裝置的不足，而對自我產生極大的傷害。就如同假若我們的整個身心十分的敏感，對整個地層的輕微搖動，都能夠馬上覺察，這時我們在馬路上面，就宛如坐在一艘船上，將整天暈船，根本無法生活。

這樣的敏感對我們來講不只不是好事，甚而是傷害我們的力量。所以我們必須在心靈裡面設計一定的裝置，使敏感度降到能夠與一般人一樣過正常生活為止。這不是退化，而是一種

自然的生命防護裝置。

　　同樣的，假設我們對過去，對現在的宿命能夠了知的話，必須也是建立在起夠超越、控制、了知他的整個現象力量，否則只有這種本能的話會痛苦不堪。因為我們所知所見跟整個社會都是違逆衝突的，那只有招致崩潰而已。

　　但是如果有一天我們能夠了知宇宙的規則，在智慧、定力上及心靈的容忍度上能夠完全接納這些事實，而同時參與這人間的運作，不壞世間，與時間同步運作沒有任何的不安，這樣子，這些能力的獲得才能促進生命的再進化。

　　人間倫理的發展是在整個生命進化中必須的運作，所以在這樣的狀況之下在整個生命當中，自我作一種心靈的設想，使我們在還沒有具足能力之前免除人間倫理的尷尬是合理的。

　　但是等到有一天我們人類逐漸接觸了這層心靈設限的時候，我們人類的新倫理逐漸提升之時，會發覺到整個人間倫理的關係錯綜複雜的現象，面對如此的困局時，角色扮演的複雜度會教我們不知如何是好。

愛情新倫理的催生

　　除前面幾個故事外，父親情侵害女兒而使之生子的例子，也是常發生的。一個父親有所需求卻無能向外發展，本能衝動的遺留使他轉向所控有的女兒身上，因為女兒是他的所有物所能控有、操縱的，不像外面的女子無法掌握。像這樣的人倫悲劇近年來在報紙上時而可見，有一個例子是這樣的：

　　父親由於妻子不盡職而不斷的侵擾女兒，要女兒代替母職，一直到她長大後還不肯罷手，女兒給錢要他自己到外面解決，他還嫌不乾淨。可見這種本能衝動的遺留仍然存在社會的許多角落裡，而且在愈沒有整個人類自我意識的世界中，存在的頻率愈高。由此可見人類倫理的發生，在整個生命體的基本生命防護上已經得到了勝利。

　　而當人類社會有了『群體』的概念之後所作的思索、所作的進化、所作的整體而形成整個人類文化模式，卻沒有辦法進入整個生命的基層時便無法控制殘留的衝動，這種衝動還是會張牙舞爪地再現的。

事實上在我們無法智慧地處理這種衝動時，這種遺留的爆發是會破壞整個現實社會的人間倫理的，為了維護整個人類的完整與進化，我們不允許這樣的事實在肉體上產生，應將之斬除。斬除的理由乃是因為我們的智慧不夠，更明白的說，是我們的愛的能力不足，無能處理人倫與生命情結重疊衝突的如幻變化，更無法解決人倫的角色變化。

　　然而事情並不是到此為止，衝突的發生乃是智慧的起點，而不是一味的壓制。既然我們瞭解其實這樣的困局根本是在我們人類出生之時，已經設定了，因為我們在出生之前，意識體投胎的時候，所有的戀父情結、戀母情結，已經造成了我們的革新性別。在這種狀況之下，在我們心靈的最深層擁有著對父親或對母親的喜愛與排拒，但是這種情況都在人文倫理中逐漸被化除。

　　只有心靈沒有完全成熟、沒有完全超越，才有著戀父或戀母情結，使人一生有著深刻的困擾。所以當我們面對這樣錯綜複雜的關係時，對愛的理解與人間倫理必須有所超越。

　　這時我們必須要瞭解到，人間倫理的基本設定，是視文化的需要而設定的。

　　若要達到永恆的超越，必須去瞭解，去追尋愛的真實本質。也就是『愛』不僅僅是運用在兩性之間的一種關係而已，

而是一種對生命更深的體會，對整個人倫關係有更大的視角與涵容；愛的本質事實上是一種永遠開放、永遠容納的力量，因此對人間倫理有新的觀點是生命的觀點有所超越，而不是去毀壞現有的人倫關係。

當我們有所超越時，角色之間的關係才會紮實而豐盈，人倫的關係便自然隨順著真愛的本質改變運作的模式，人們的教育並不教導下一代去體會真愛，只是傳授知識、教育、妥協與壓抑。

因此人類有不斷的衝突，革不完的命，革命乃是無法妥協的衝突的爆發了，之後仍是妥協。當今世上妥協的最高藝術就是自由與自主的口號，加上一大堆限制的法條——卻毫無愛的內涵；因此我們習慣於在角色之間妥協，而非涵容與超越，因為我們缺乏能力——愛情的能力。

我們角色的扮演僅僅是從一定的文化現象與倫理關係中去確認的，具足愛的本質的人，他是完全的寬容、完全開放的。也因此才能恰當的扮演一個愛侶、一個母親（父親）、一個子女或一位朋友。

所以說真實的愛超越男女之間，基本上是無我無私、了結無常的一種圓滿的法界動力。這種愛的能力在每一個當下依循著客觀的現象需求展現出來，角色的矛盾也就得到化解而圓滿

了。

所以當彼此的關係是夫妻或愛侶的時候，愛所展現的是一種兩人之間永恆的關懷；當彼此是親子之間的關係時，愛所展現的是父愛、是母愛、是子女對父母的尊敬與真誠的愛慕，而如果彼此是朋友，是兄弟姊妹的話，所展現的便是朋友、兄弟與姊妹之愛。

以相對的關係來看，在時間之流中，彼此可能由同性轉變成異性或異性轉變為同性。具足愛的人可以在轉變的過程中發揮愛的力量，以現有的關係作好角色的真誠扮演。

『角色』其實是文化的現象，人倫運作上的需要，但愛的本質與力量卻不可變。所以愛在對人間的一切都是美麗的，對人倫之間的關係都是真實的，它會因不同的因緣而展現不同的面貌。

對於人倫，佛教以一種高超的智慧來處理，認為一切眾生都是我們的父母，一切眾生在整個無窮無盡的時間關係中可能曾做過我們的父母，所以我們對他們的愛是永恆不變的。這樣的智慧有著對客觀事實認定的益處，也以有一種運作的深妙智慧，掌握著愛的真本質，所以我們對愛要有更高的理想。

當然，人間有不可揭開的轉世之謎，當我們無法客觀認識轉世的真實與人間倫理的衝突時，會糾纏在裡面而不得脫出。

所以當我們還沒有具足完全自在的力量，能隨時從過去的意念裡面超脫，還是不應該打開這層秘密，使我們落入一個完全不知真實與虛幻的生命漩渦中。

如果我們突然之間知道了身邊的人竟是過去人生中最深愛的人，卻不能在一起，對於這樣的衝突既然無法客觀的理解又難以承受，那麼我們對轉世秘密的了知只會徒然自擾與彼此傷害罷了。

未來的新世代，人類身心的能力逐漸發展，而隨著身心能力的逐漸發展，可能會面對一個屬於深沉意識中轉世的奧秘及未來宇宙飛行當中的困局。所以我們如何去具足對未來新倫理的認知，這可能是有心之士必須加以設想、研究的，也是一個具開放心靈的人所必須去面對的愛的新倫理觀。

而這樣愛的新倫理觀，必然不可以跟我們現實所運作的世界有所衝突，因為人間倫理的建設是經人類進化而來的，我們必須接受現實世間的一切，並且必須小心保護，不能讓它破壞，這才是不壞世間的本質；開放愛的心靈，卻不破壞這世間，這才是一個深沉的、具足愛的本質。

未來的婚姻契約

　　對於這樣一個新的倫理觀，婚姻關係就是一個很重要的範疇。過去，我們從母系社會逐漸發展到父系社會，從一夫多妻漸漸的固化成一夫一妻，而建立了大體上是父系社會且一夫一妻的倫理觀。在遠古時代，生命的延續為第一要務，母系會因此成為主流，因為女性才能生育子女，所以女性有著團體中最大的權力，最會生育的也就是最受重視、最強者。

　　但當父系社會逐漸形成時，男性運用許多手段將女性變為所有物開始為他的方便來限制女性的自由，這種現象也表現在佛經上，譬如佛經裡面說國王、妻子、兒女都可以用來布施，我們只能說將妻子兒女都當成所有物來布施是一種文化現象而不是一種真實的菩薩心，因為菩薩不可能拿一種生命來作為布施的，佛陀在那樣的文化背景下講這種話是有其世間的因緣，並非錯誤。

　　現在我們都認為每一個生命都是獨立而擁有自主權的觀念，乃是不斷進化而來，就好比我們認為動物是我們所擁有

的、為我們所用的，也許將來有一天我們也會承認動物的自主權吧！

在母系社會中，一妻多夫變成是一種可能；而在一個父系社會裡頭，一夫多妻則慢慢形成一種常態。但在文化閉塞，跟外界較無直接聯繫的區域，常會存在這兩種性質不同的社會。例如西藏雖是父系社會的現象，卻仍存在著一妻多夫的形態，所以一妻多夫或一夫多妻基本上是由於客觀現世需要而產生的，並沒有那一種比較進化的道理。

也許當我們在基層的生命需求已經達到滿足的時候，一夫一妻可能是比較合理的、相互尊重的一種制度，但也不是一成不變的。譬如中國大陸強力實行一胎化政策之時，女嬰慘遭溺斃，而力量的生下男孩子，導致男女失衡，許多男子屆適婚年齡卻找不到對象，造成社會的不安。

如果這只是短期現象也就罷了，假如實行的時間加長，我想一夫多妻也就變成了一個必須的需要了，否則所造成的動盪不安與殺戮可能要比我們維繫一夫一妻的倫理觀所付出的代價更大。

所以當我們認清婚姻契約的訂立與社會之間的關係時，就會以比較開放的心靈來看待婚姻。但通常人就是一種慣性的動物，總是接受我們了知的世間現象而持之不放，以為自太古以

來就是如此這般。

其實事實根本錯誤，因為現象都是由因緣變化而來的，所以唯有脫出慣性，而以一種更寬廣更偉大的心靈來看待婚姻關係，才能在每個時代讓它產生最大的光輝。

在可預見的未來，婚姻關係是會有所改變的。因為女性慢慢的有了自主權開始爭取自己的權利，和男性的地位趨於平等。在爭取的過程中，她發現到自身所擁有的心理、生理，以及外在的如財物、經濟、社會權或政治、居住權等這些屬於生命的權利。

在未來當我們對人類有更深的瞭解時，每一個人的自我意識會愈來愈強，分化也就會愈來愈深刻。

所以我認為未來的婚姻關係會是一種多層次的結合，從心靈層次開始，一個精神的完全相愛，到生理層次，一種交互之間對性的共同滿足。

以致在生活方面的共同生活與否，乃至我們的經濟權、財產權、政治權等等。這些在未來的婚姻契約當中可能愈來愈細化，而更深刻的可能是當我們瞭解整個人生倫理規則與我們不斷轉生的秘密時，兩者之間的衝突也會逐漸產生，且視為自然。

這婚姻契約是針對我們現實一生的狀況，不牽涉到過去、

未來。

　　生活在兩千一百年，於一生當中，以完全開放的心靈與完全開放的愛彼此結合在一起，相互滿足，共同創造生命的完美。彼此之間有對於性的需求權，但在對方感覺身心不恰當，或其他狀況時可以拒絕，並不能強制要求。

　　在財產上擁有完全的獨立自主與相互平等，但可以相互贈與，而且對政治、社會權有完全的自主權，也可以以一種授權的方式給予雙方各自代表。

　　這樣的契約卻僅僅牽涉到這一世，因為今世的圓滿乃源於過去長久的因緣，至於未來是否有這樣的婚姻關係，就留給未來決定吧！

　　婚姻契約的訂定可能就是如此，也許更加細密。但這樣的契約在這時提出似乎還不需要，但是未來的人間倫理要怎樣確定，如何瞭解，的確是面對未來世紀的一個重要課題。

　　但是不管新的愛的倫理要如何開啟，如何研究，瞭解愛的本質才是重要的。

　　增強愛的能力才是一切的保障，唯有以愛為出發點來觀照這個世間而訂立所有人間的契約關係，人間倫理才有價值；只有以愛為出發點來調整我們人間的關係，才是圓滿的。

　　如困不瞭解此一真義，愛便離我們遠去。而與愛脫離只有

造成生命的凋萎，造成人間的鬥爭；愛是融合所有生命的強大力量，愛才是消弭一切痛苦、一切分裂與一切傷痕的最偉大力量。

真 正 的 幸 福 始 終 來 自 智 慧

關於
前世、今生與來世

你想了解自己的前世今生嗎？
如何在今生觀察自己的前世呢？
如果你今生遇到了前世的情人，要如何面對呢？
本書將給提供全面的解答，讓你循著自己的前世，
揭開超越因果輪迴的方法，提出最正確的前世療法。

幸福必修學分指數★★★★★★　　　　洪啟嵩◆著

定價：240元

真正的幸福始終來自智慧

生命大學

關於
決定自己的未來

現在的你，無論貧富或老少，
都可以好好善用我們所擁有的生命，
創造最有價值的未來。
利用本書，提供你更深層的思惟與觀察，
在圓滿的生涯規劃中，掌握時間與空間的因緣，
決定自己的未來。

幸福必修學分指數★★★★★★　　　　　　洪啟嵩◆著

定價：240元

生命大學 6

關於愛情的密碼

作　　者　陳　女

發 行 人　黃紫婕

責任編輯　吳霈媜

美術設計　Mindy

封面設計　莊心慈

插　　圖　弓　風

出 版 者　普月文化有限公司

　　　　　地址：台北市松江路69巷10號5樓

　　　　　永久信箱：台北郵政26-341號信箱

　　　　　電話：(02)2503-3006　傳真：(02)2508-1733

　　　　　郵政劃撥：18369144　普月文化有限公司

　　　　　E-mail：buddhall@ms7.hinet.net

　　　　　http://www.buddhall.com

行銷代理　紅螞蟻圖書有限公司

　　　　　地址：台北市內湖區舊宗路2段121巷28之32號4樓

　　　　　（富頂科技大樓）

　　　　　電話：(02)2795-3656　傳真：(02)2795-4100

初　　版　2007 年 2 月

定價新臺幣　200 元